Daniela Landgraf

Selbstwert ist Geld wert!
Doch was bist Du Dir wert?

Eine Anleitung, um von innen heraus zu leuchten

Mit großem Selbstwert-Lexikon

Dieses Buch widme ich drei wundervollen Menschen und Wegbegleitern:

Zum einen meinen beiden lieben Freundinnen Vanessa und Diana Isabell, die stets an mich geglaubt haben – vor allem in Zeiten, in denen es mir alles andere als gut ging und in denen ich so manches Mal nicht an mich selbst geglaubt habe, mein eigenes Selbstwertgefühl am Boden war. Zum anderen danke ich meinem wunderbaren Partner Jürgen. Er hat mir in den letzten Monaten unglaublich stark den Rücken freigehalten, sodass ich mich um Projekte, wie beispielsweise dieses Buch, mit voller Kraft und Aufmerksamkeit kümmern konnte.

Daniela Landgraf

Selbstwert ist Geld wert!

Doch was bist Du Dir wert?

Eine Anleitung, um von innen heraus zu leuchten

Mit großem Selbstwert-Lexikon

Bibliografische Information der Deutschen Nationalbibliothek
Die Deutsche Nationalbibliothek verzeichnet diese Publikation in der Deutschen
Nationalbibliografie; detaillierte bibliografische Informationen sind im Internet
über http://dnb.d-nb.de abrufbar.

ISBN 978-3-7664-9956-1
Im Vertrieb von: Jünger Medien Verlag + Burckhardthaus-Laetare GmbH,
Offenbach

Lektorat: Anja Hilgarth, Herzogenaurach
Autorenfotos: Petra Fischer, Fotostudio Snapshot, www.snapshotz.de
Umschlaggestaltung: Martin Zech Design, Bremen, www.martinzech.de
Satz und Layout: ZeroSoft, Timisoara
Druck und Bindung: Salzland Druck, Staßfurt
1. Auflage 2018

Inhalt

Vorwort

Ich habe mich sehr gefreut und auch geehrt gefühlt, als Daniela mich fragte, ob ich für dieses Buch das Vorwort schreiben könnte. Ich habe sie bei ihrer Ausbildung zum Professional Speaker kennengelernt. Sie saß dort, wo auch ich vor sieben Jahren gesessen habe, lernte das Handwerk des „professionellen Redens" und erzählte mir ihre Geschichte. Eine sehr bewegende Geschichte, und so war ich sehr gespannt, was mich in diesem Buch erwarten würde. Und meine Erwartungen wurden übertroffen: Daniela ist mit ihrem ersten Buch ein Ratgeber gelungen, den ich mir für die Zeiten in meinem Leben, als ich alles andere als selbstbewusst war und in denen mir alles um die Ohren flog, sehr gewünscht hätte. Sie bringt die Dinge auf den Punkt, erzählt ihre eigene Geschichte, schont sich nicht und verherrlicht auch nichts. Sie gibt im zweiten Teil des Buches mit ihrem Selbstwert-Lexikon klare Handlungsimpulse, die sofort umzusetzen sind. Sie verschnörkelt nichts und spricht aus dem Leben für das Leben. Und das Ganze noch mit vollem Herzen.

Ich möchte das Buch jedem ans Herz legen, der gerade an einem Wendepunkt in seinem Leben steht, der mehr aus sich und seinem Leben herausholen möchte und der erkannt hat, dass alles bei uns selbst und niemals im Außen beginnt. Oder wie es Daniela so schön formuliert: „Je mehr wir unser inneres Licht zum Leuchten bringen, umso mehr werden wir strahlen. Und die Welt strahlt zurück."

Ihre Katja Porsch, Rednerin für Erfolg, Persönlichkeit und Motivation

Berlin, im Oktober 2018

Warum schreibt Daniela Landgraf über das Thema Selbstwert?

Zunächst einmal möchte ich „Danke" sagen – Danke an mein heutiges Leben voller Fülle. Diese Fülle umfasst nicht nur die materielle Fülle, sondern auch die Fülle an immateriellen Dingen. Ich habe fantastische Menschen an meiner Seite, übe den Beruf aus, den ich liebe, und ich fühle mich frei.

Das war nicht immer so!

Mein Leben war bis vor einigen Jahren eine echte Achterbahnfahrt. Mein Selbstwertgefühl war in den ersten vier Jahrzehnten meines Lebens alles andere als stabil. Auch finanziell habe ich einige Berg-und-Tal-Fahrten (oder sollte ich lieber Loopings sagen?) hinter mir – von fünfstelligen Monatseinkünften bis hin zur Insolvenz habe ich alles kennenlernen dürfen. Heute weiß ich, dass das eine unmittelbar mit dem anderen zusammenhängt. Mit einem besseren Selbstwertgefühl wäre vieles nicht oder anders passiert.

Geboren wurde ich mit einer Gen-Besonderheit namens Tourette-Syndrom. Mediziner sagen Erkrankung dazu. Da ich mich aber gesund fühle, nenne ich es Besonderheit.

Das Tourette-Syndrom kann man beschreiben als „Schluckauf im Gehirn". Es sind wiederkehrende Impulse, die komische Dinge mit dem Körper tun. Bei mir sind das u.a. Augenzwinkern, Grimassieren, Seitenblick über die Schulter hinweg und „hmmm-Töne", die einfach „raus müssen". Manchmal muss ich bestimmte Worte einfach wiederholen (und das ohne Sinn und Verstand).

Um einem Nicht-Betroffenen diese Impulse zu beschreiben, nutze ich gerne zwei Vergleiche: Stellen Sie sich vor, Sie müssen niesen und wollen diesen Niesreflex unterdrücken. Wie gut geht das? Das andere Beispiel ist das Augenblinzeln. Wie lange können Sie die Augen geöffnet halten, ohne blinzeln zu müssen? Irgendwann müssen Sie blinzeln!

Ähnlich ist es mit den Tourette-Impulsen. Sie können für eine gewisse Zeit unterdrückt werden, aber irgendwann müssen sie raus. Das Unterdrücken der Tourette-Impulse ist jedoch anstrengend und je mehr ich versuche sie zu unterdrücken, desto stärker werden sie.

Wer mehr erfahren möchte, kann viele Informationen über folgende Homepage erhalten: http://tourette-gesellschaft.de/

Früher wollte ich diese Impulse ständig unterdrücken. Dadurch wurden sie zum einen stärker und zum anderen wirkte ich auf andere nicht authentisch (das hatte natürlich auch noch andere Gründe, denn ich habe mich selbst nicht akzeptiert mit allem, was mich ausmacht). Je mehr ich meinen Frieden mit dieser Gen-Besonderheit geschlossen habe, desto ruhiger wurde sie im Außen, auch wenn die Impulse und die Schmerzen (durch die ständige Anspannung) immer da sind. Heute höre ich oft: „Man merkt dir ja kaum etwas an." Darüber bin ich auch sehr froh – dennoch gibt es Zeiten, wo die Impulse besonders stark sind und meine Gedanken- und Gefühlswelt stark dominieren. Doch je mehr ich es akzeptiert und in mein Leben integriert habe, umso seltener sind diese Zeiten.

In meiner Kindheit, Jugend und im jungen Erwachsenenalter habe ich viel Ablehnung erfahren, denn andere haben mich nicht verstanden. Wie sollten sie auch – ich habe mich selbst ja nicht verstanden.

Eine Diagnose gab es damals noch nicht. Meine Eltern (und später ich) sind auch nie auf die Idee gekommen, diese Besonderheit mal medizinisch untersuchen zu lassen. Natürlich haben wir dem Kinderarzt davon erzählt, doch der deklarierte meine Symptome lapidar als Verhaltensstörung aufgrund der Trennung meiner Eltern.

Eine Diagnose habe ich erst mit Ende 20 erhalten. Es war eine Zufallsdiagnose.

Zuerst war es ein Schock, dann eine Erleichterung. Ich hatte eine Antwort. Eine Antwort auf eine Frage, die ich nie gestellt hatte, die aber immer da gewesen war. Die Antwort darauf, warum ich anders war als die anderen … Warum mein Körper so komische Dinge tat.

Sie fragen sich jetzt vielleicht, was diese persönliche Geschichte mit dem Thema Geld zu tun hat. Meine Antwort darauf: Unwahrscheinlich viel!

Doch bevor ich diesen Bogen schlage, ist es mir wichtig zu erwähnen, dass mein Tourette-Syndrom nur stellvertretend stehen soll – für all die Defizite, die der eine oder andere bei sich selbst empfindet. Der eine hinkt vielleicht, der Nächste stottert, der wieder Nächste schielt. Der eine oder andere hat möglicherweise eine Rechtschreibschwäche (im Übrigen betrifft das Thema Rechtsschreibschwäche durchaus auch hochintelligente Menschen), und manch einer hat vielleicht auch nur das Gefühl, nicht zu genügen, nicht gut genug zu sein, nicht genug zu können, nicht genug zu wissen etc.

Erschreckend viele Menschen haben echte oder gefühlte Defizite und aus diesem Grund ein mangelndes Selbstwertgefühl – manchmal auch nur in ungewohnten oder unbequemen Situationen, wo es besonders drauf ankommt (zumindest in unserer Wahrnehmung).

Die Gefahr ist dabei, dass wir unser „Defizit" (was häufig nicht einmal ein echtes Defizit ist) in unseren Gedanken zu groß werden lassen. Wir bemühen uns vielleicht sogar, es zu verbergen. So erging es mir ja früher mit dem Tourette-Syndrom. Doch dann nimmt es unglaublich viel Raum in unseren Gedanken und Gefühlen ein und schwächt uns in der entsprechenden Situation. Vielleicht vergessen wir sogar, unsere Stärken und unseren Wert zu sehen, weil wir zu sehr damit beschäftigt sind, unsere vermeintlichen Schwächen auszugleichen.

Oft entwickeln Menschen dann Kompensationsstrategien, die sehr unterschiedlich sein können: Der eine geht vielleicht in den Rückzug, der andere entwickelt sich zum Hobby-Clown. Manch einer sucht sich eine Tätigkeit, wo er permanent Bestätigung und Anerkennung bekommt … Die Liste lässt sich unendlich weiter fortführen und hat natürlich immer etwas mit der Persönlichkeit der betroffenen Person zu tun.

Meine Kompensationsstrategie war die Leistung. Da ich in der Finanzbranche arbeite – seinerzeit im Vertrieb –, konnte ich hier durch Leistung, Leistung, Leistung glänzen. Ich brauchte die Leistung, um Anerkennung zu erhalten. Mir war nicht klar, dass man mich auch einfach nur meiner selbst wegen mögen könnte. Ich wollte immer zu den Besten gehören.

Schon in meinen ersten Berufsjahren lernte ich tolle Methoden kennen, mit denen ich dann auch sehr erfolgreich wurde. So schrieb ich zum Beispiel regelmäßig mein Erfolgstagebuch – um mir immer wieder meiner kleineren und größeren Erfolge bewusst zu werden. Ich arbeitete mit Affirmationen, sagte mir also zum Beispiel selbst regelmäßig, dass ich gut bin und alles schaffen werde. Und ich ließ keinerlei negative Gedanken mehr zu. Egal, was passierte, ich versuchte, irgendetwas Positives daran zu sehen – und sei es, dass ich es als Lernaufgabe oder besondere Herausforderung verbuchte.

Mit der Leistung kam das Geld. Geldwert als Ersatz für Selbstwert!

Und hier beginnt der angekündigte Bogenschlag.

Durch die Leistung bekam ich die Anerkennung, die mir als Kind und Jugendliche fehlte. Durch das Geld konnte ich auch nach außen zeigen, wie erfolgreich ich bin.

Ich habe mich über den Job und den Erfolg definiert, nach außen hin baute ich ein vermeintlich gutes Selbstwertgefühl auf, doch tief in mir drinnen blieben die Selbstzweifel. Die verdrängte ich jedoch fleißig.

Ich war erfolgreiche Anlageberaterin und hatte selbst ein sechsstelliges Depot. Ich wurde übermütig und legte mein Geld in die wildesten Aktien an (für die älteren Hasen unter uns: Stichwort New Economy Ende der neunziger Jahre).

Im Jahr 2001 – ich war 29 Jahre jung – kam der Börsencrash. Alles war weg. Ich lebte zu diesem Zeitpunkt auf Mallorca und brach dort dann schnell meine Zelte ab. Um in Deutschland wieder neu anzufangen, musste ich zunächst Kredite aufnehmen.

Dank der Methoden, die ich gelernt hatte, ließ ich mich nicht ins Boxhorn jagen. Ich baute ein zweites Mal auf, kaufte diverse Immobilien, zahlte meine Kredite zurück, wurde Unternehmerin und hatte mehrere Angestellte. Dummerweise zog ich Messies, Mietnomaden und nicht zahlende Kunden mit meinen Immobilien an.

2011 – im Alter von 39 Jahren – stürzte ich ein zweites Mal ab, noch tiefer als vorher: in die Insolvenz! Häuser weg, Firmen weg – und mein mühsam aufgebautes, sowieso schon wackeliges Selbstwertgefühl auch.

Doch eines blieb: die große Frage nach dem Warum. Warum blieb das Geld nicht bei mir? Heute kenne ich die Antwort. Diese verrate ich Ihnen in einem späteren Kapitel.

Damals, einige Zeit nach dem Crash, an einem sonnigen Freitag im Mai 2013, lernte ich zunächst eine andere wichtige Lektion: Das Verändern der Gedanken verändert Dein Leben.

Und damit beginne ich mein erstes Kapitel.

Teil 1:
Was bist Du Dir wert?

Melone und Pfefferminzbonbons

Ich war frustriert, wollte irgendwas Schönes unternehmen und hatte mal wieder kein Geld. Die nächste Geldzahlung erwartete ich erst in ein paar Tagen.

Ich war traurig. Wünschte mir endlich mal wieder Urlaub, träumte davon, irgendwo in der Sonne am Strand zu sein und vielleicht an einer Strandbar etwas Leckeres zu trinken.

Und ich war einsam. Mein Mann war noch bei der Arbeit, meine Tochter bei einer Freundin. Ich schnappte mir mein Fahrrad und wollte einfach irgendwo hinfahren. Das Auto musste ich stehen lassen – für Benzin hatte ich kein Geld. Ich hatte Sehnsucht und Traurigkeit in meinem Herzen – und gerade noch zwei Euro in der Tasche.

Ich fuhr los und kam an einem Supermarkt vorbei. Mein Gedanke: „Gönn dir mal was!" Meine zwei Euro reichten für eine Dose Alsterwasser (für alle Nicht-Norddeutschen: Radler), ein kleines Stück Melone und eine Rolle Pfefferminzbonbons. Die Kassiererin guckte mich schräg an ... Doch vielleicht war es auch nur meine Wahrnehmung, denn um mein Selbstwertgefühl war es noch nicht so gut bestellt. Es war mir peinlich. „Was denkt die Kassiererin wohl von mir?" Ich nahm eine Reaktion wahr und interpretierte sofort etwas hinein.

Das Paradoxe an Selbstwertzweifeln ist, dass wir uns in manchen Situationen dann viel zu wichtig nehmen. Wir brauchen ständig Bestätigung und haben Angst vor Ablehnung. Vielleicht wollen wir hören, dass wir alles richtig machen. Vielleicht wünschen wir uns auch Mitgefühl. Bei mir war es wahrscheinlich eine Mischung aus allem.

Merken Sie was? In solchen Momenten gehen einem rasend viele Gedanken durch den Kopf, und alle haben sie mit uns zu tun. Ich war dieser Kassiererin in dem Moment wahrscheinlich genauso egal wie meiner Katze ein Stück Tomate. Wer weiß, vielleicht war sie gedanklich komplett in ihrer Welt? Vielleicht hatte sie Stress mit irgendwem? Oder Langeweile?

Mit einem gesunden Selbstwertgefühl wäre mein Gedankenkarussell gar nicht erst angesprungen. Ich hätte sie angelächelt und ihr einen schönen Tag gewünscht. Ihr Blick hatte mit sehr großer Wahrscheinlichkeit ganz und gar nichts mit mir zu tun.

Was für ein Paradoxon, dass wir uns so wichtig nehmen, wenn wir das Gefühl haben, nicht gut genug zu sein. Wir nehmen Dinge wahr und beziehen sie auf uns – in negativer Art und Weise. „Was denkt die andere Person von mir? Ist die andere Person böse auf mich, wenn ich dieses oder jenes tue oder sage? Mag die andere Person mich noch? Verbaue ich mir vielleicht Chancen?" Diese Gedanken ließen sich unendlich fortführen. Oft genug passieren diese Dinge jedoch nur in unseren Gedanken. Vielleicht sind wir der anderen Person auch total egal? Während wir noch mit dem Interpretieren beschäftigt sind, hat diese Person uns vielleicht schon wieder komplett vergessen ...

Zurück zur Kassiererin. Ich bezahlte mit meinen zwei Euro und fuhr mit meinem Rad weiter an den Elb-Badestrand. Es gibt im Hamburger Westen einen tollen Campingplatz – das Elbecamp. Hier treffen sich Jung und Alt, Reich und Arm, Dick und Dünn. Die Atmosphäre im Elbecamp ist phänomenal. Sobald man das Elbecamp betritt, kommen Urlaubsgefühle auf.

Es gibt dort ein kleines Café, mit bunten, schönen, direkt auf die Wand gemalten Bildern. Drinnen gibt es Holztische und Stühle, draußen stehen Bierbänke. Eine Bedienung findet man nur hinter der Theke; jeder Gast holt sich selbst sein Essen und Trinken und häufig steht man lange an. Doch alle sind fröhlich und es kommen tolle Gespräche in dieser Schlange zustande.

Doch für etwas aus dem Café fehlte mir heute das Geld. Aber ich hatte ja meine Melone, meine Dose Alsterwasser und meine Pfefferminzbonbons dabei. Um an das Wasser zu gelangen, geht man über einen Spielplatz, der schon komplett im Sand aufgebaut ist – weißer, feiner Sandstrand. Hier gibt es viele tolle, individuelle Spielgeräte aus Holz und die Kinder sind fröhlich. Am Wasser angekommen, setzte ich mich in den warmen Sand, und mich überkam aus heiterem Himmel ein Glücksgefühl. Ich spürte den Wind und die Sonne auf der Haut. Ich hatte etwas Leckeres zu essen und zu trinken dabei. Ich schaute auf das Wasser, sah die Segelboote und etwas weiter hinten ein Containerschiff. Ich hörte fröhliche Stimmen von Kindern, die im Wasser spielten, und ich war das erste Mal seit Langem glücklich.

Mit zwei Euro zum Glück. Ich brauchte in diesem Moment nicht mehr als das, was gerade da war.

Ich war komplett in der Gegenwart und schaffte es das erste Mal seit Langem, einfach nur zu genießen – den Moment zu genießen, die Atmosphäre, das Wetter und sogar die kuriose Zusammenstellung meines Picknicks.

Ich fuhr glücklich nach Hause.

Sei Dir Deiner Wünsche und Bedürfnisse bewusst

Eines ist mir an diesem Tag bewusst geworden: die Wichtigkeit des Bewusstseins über die eigenen Gefühle und Wünsche. Oft wünschen wir uns Dinge und brauchen dafür Geld. Ich wünschte mir zum Beispiel Urlaub, doch der war unerreichbar fern – aus finanziellen und zeitlichen Gründen. Wenn wir uns bewusst werden, welche Gefühle wir uns mit materiellen Dingen erfüllen wollen, welche Gefühle wir uns also quasi erkaufen wollen, dann können wir uns auch überlegen, wie wir diese Gefühle auch mit wenig oder gar keinem Geld wecken können.

Warum habe ich den einen oder anderen Wunsch? Was genau steckt dahinter? Wie wird es sich anfühlen, wenn dieser Wunsch erfüllt ist? Wenn wir uns unserer hinter dem Wunsch steckenden Bedürfnisse und Gefühle wirklich klar werden, den wahren Grund erkennen, dann können wir Wege und Lösungen finden, wie es vielleicht auch mit wenig oder gar keinem Geld geht.

Ich möchte hier ein – vielleicht krasses – Beispiel zur Verdeutlichung anführen. Ein Grundbedürfnis von Menschen ist die Sexualität. Mit Geld kann man sich Sexualität kaufen. Doch wie erfüllend ist das wirklich? Was ist das tatsächliche Grundbedürfnis? Das ist das Geliebtwerden und die Nähe (zumindest, wenn es nicht um reine Trieb-Befriedigung geht).

Es ist also nicht so sinnvoll, mir einfach nur Geld zu wünschen. Viel sinnvoller ist es, mir darüber klar zu werden, *wofür* ich es mir wünsche! Ich möchte es noch provokativer ausdrücken: Welches Gefühl möchte ich mir kaufen?

Warum kaufe ich mir ein tolles, schnelles Auto? Welches Gefühl löst das Fahren in einem solchen Auto in mir aus? Warum möchte ich tolle Kleidung, Schmuck, Uhren etc. haben? Was macht das mit mir? Welches Gefühl erhalte ich dadurch?

Was genau macht Sie glücklich und zufrieden? Solange Sie das nicht für sich entdeckt haben, können Sie sich zwar mit Geld viele Dinge kaufen, die Sie für den Moment glücklich machen. Doch das hat keine langfristige Wirkung. Sie brauchen immer mehr davon. Im schlimmsten Fall werden die wahren Gefühle vielleicht sogar mit materiellen Dingen betäubt.

Die folgende Übung hilft Ihnen vielleicht, sich Ihrer Wünsche und Bedürfnisse bewusst zu werden:

Übung:
Welches sind aktuell Ihre fünf größten materiellen Wünsche, für die derzeit noch nicht genug Geld da ist? (Mit „materiell" sind in diesem Zusammenhang Wünsche gemeint, die Geld kosten.) Beispiel: Der Wunsch nach einem tollen Urlaub.

Mal angenommen, Sie hätten sich diesen Wunsch schon erfüllt, wie fühlt es sich an? Welcher wahre Wunsch steckt hinter dem materiellen Wunsch? Beispiel: Erholung, Entspannung, genießen.

Wie können Sie dieses Gefühl auch mit wenig oder gar keinem Geld erlangen? Was ist die wahre Sehnsucht hinter dem Wunsch? Beispiel: Mein Tag im Elbecamp.

Selbstwert ist Geld wert!
Doch was ist Selbstwert?

Was genau ist das überhaupt, das „Selbstwertgefühl"? Oft verwenden wir auch die Worte „Selbstbewusstsein", „Selbstvertrauen" oder „Selbstsicherheit". Sind das Synonyme? Meines Erachtens nein, denn das Selbstwertgefühl baut auf den Themen Selbstbewusstsein, Selbstvertrauen und Selbstsicherheit auf. Deshalb werde ich kurz einzeln darauf eingehen.

Das Selbstbewusstsein

Das Wort „Selbstbewusstsein" besteht im Prinzip aus drei Worten: aus „selbst", „bewusst" und „sein". Eine abgeleitete Frage könnte also sein: Bin ich mir meiner Selbst bewusst? Weiß ich wirklich, wer ich bin und wie mich vielleicht auch andere sehen? Kenne ich meine Stärken und Schwächen?

Oft sind uns unsere (vermeintlichen) Schwächen viel stärker bewusst als unsere Stärken. Was macht uns als Mensch aus? Was können wir besonders gut? Welche Rückmeldungen nehmen wir von anderen wahr? Können wir zum Beispiel ein Lob oder eine Anerkennung gut annehmen? Was trauen wir uns selbst zu und was trauen uns andere zu?

Die Überschneidung mit dem Selbstwert gibt es hier: Welchen Wert geben wir uns, geben Sie sich selbst? Sind Sie sich Ihres eigenes Wertes bewusst? Um sich Ihres eigenen Wertes bewusst zu werden, ist es nicht nur wichtig zu wissen, was Sie können, leisten und was Sie ausmacht. Ein genereller Blick auf Ihre Werte macht Sinn. Von welchen Werten werden Sie gesteuert? Welche Werte sind Ihnen wichtig – zum Beispiel im Umgang mit anderen und im Umgang mit sich selbst? Achten Sie auf sich und Ihre Gesundheit oder stehen immer andere Personen, Ihre Firma, Ihre Familie etc. im Vordergrund? Erlauben Sie sich, auch einfach mal Zeit mit sich selbst zu verbringen? Zu diesen Themen und Fragen gibt es im Lexikon-Teil des Buches noch einige Übungen.

Das Selbstvertrauen

Wenn Sie sich Ihrer selbst und Ihrer Stärken und Schwächen bewusst werden, dann können Sie auch anfangen, sich selbst zu vertrauen. Selbstvertrauen entsteht dadurch, dass Sie wissen, was Sie können. Mit einem gesunden Selbstvertrauen können Sie den Mut zur Veränderung entwickeln und den Mut haben, neue Aufgaben anzunehmen und anzugehen.

Wenn Sie sich selbst vertrauen, also im Innersten Ihres Herzens davon überzeugt sind, dass Sie zum Beispiel genau die richtige Person für genau diese Aufgabe sind, dann vertrauen Ihnen auch andere.

Wenn Sie sich Dinge selbst nicht zutrauen – wie sollte dann eine andere Person darauf vertrauen können, dass Sie es schaffen? Ich erläutere es noch an einem Beispiel:

Stellen Sie sich folgende Situation vor. In einer Firma soll eine Führungsposition neu besetzt werden. Zur Disposition stehen Frau Meier und Herr Müller.

Frau Meier ist fachlich ausgesprochen kompetent, ist stets freundlich und hat zu allen Mitarbeitern ein tolles Verhältnis. Sie ist intern die große Stütze der Abteilung. Sie ist aber auch sehr bescheiden und zurückhaltend. Sie merkt zwar, dass sich alle anderen auf sie verlassen und ihr vertrauen, ihr auch ihr Herz ausschütten – fachlich und privat –, aber ihr Selbstvertrauen ist dennoch nicht das Beste.

Herr Müller ist von seinem Temperament her komplett anders. Fachlich und menschlich kann er Frau Meier bei Weitem nicht das Wasser reichen. Er ist allerdings stark in Verhandlungspositionen und steht im wahrsten Sinne des Wortes seinen Mann. Er steht zu seinen Meinungen und Überzeugungen – teilweise sehr zum Leidwesen derjenigen, die anderer Meinung sind oder gute Argumente für eine andere Sicht der Dinge haben.

Der Personalchef soll nun eine Entscheidung treffen und spricht mit beiden Personen. Frau Meier fühlt sich unglaublich geehrt und möchte die Position gerne haben. In ihrer Bescheidenheit macht sie jedoch einen entscheidenden Fehler. Sie sagt während des Gesprächs mit dem Personalchef: „Meinen Sie, dass ich wirklich die Richtige und der Aufgabe gewachsen bin?" Frau Meier wünscht sich vielleicht nur noch einmal eine Bestätigung, und ihre bescheidene Haltung verbietet es ihr, sofort „Ja klar schaff ich das!" zu sagen. Zwei ihrer treibenden Werte sind Bescheidenheit und Zurückhaltung. Leider sind diese beiden Werte in einer solchen Situation alles andere als zielführend, vor allem, wenn Herr Meier in seinem Gespräch mit dem Personalchef selbstsicher und überzeugend auftritt.

Wer bekommt wohl den Job?

Mir geht es nicht darum, dass man seine innersten Überzeugungen und Werte über Bord werfen soll. Allerdings sollte man für gewisse Situationen gewisse Verhaltensweisen trainieren. Wäre Frau Meier selbstsicher (sich ihrer selbst und ihrer Leistungen sicher) aufgetreten und hätte sie ein gesundes Selbstvertrauen an den Tag gelegt („ja, ich bin die Richtige für diesen Job"), dann hätte sie aufgrund ihrer besseren Qualifikation sicherlich den Job erhalten.

Selbstsicherheit

Mit Selbstvertrauen und Selbstbewusstsein entsteht eine Selbstsicherheit, die wiederum in Verhandlungspositionen und in der Personalführung ausgesprochen wichtig ist.

Sich seiner selbst sicher sein – seinen Fähigkeiten und Stärken vertrauen und vor allem sich selbst zu erlauben, genau so zu sein, wie man ist – das sollte das Ziel sein.

Wie viel leichter ist das Leben, wenn ich einfach so sein darf, wie ich bin, wenn ich einfach ich selbst sein darf. Sicherheit als Gegenteil von Angst – keine Angst vor Ablehnung, keine Angst vor dem „Nein", keine Angst vor Konsequenzen etc.!

Spannend ist es zu beobachten, dass Menschen mit einer großen Selbst-Sicherheit oft auf die Sicherheit im Außen verzichten können – sie treffen eher Entscheidungen, sie wechseln eher den Job, das Umfeld etc. und sie machen sich eher mit einer Idee selbstständig als unsichere Menschen, die einen festen äußeren Rahmen und eine Planbarkeit (aus der Selbstunsicherheit) heraus benötigen.

Selbstsichere Menschen erlauben sich, so zu sein, wie sie sind. Sie erlauben sich, Entscheidungen unabhängig von der Meinung der anderen zu treffen, und sie treten Verhandlungs- und Gesprächspartnern entsprechend stark entgegen – ohne dabei überheblich zu wirken. Dadurch entsteht ein gewisses Freiheitsgefühl, was wiederum für ein besseres Wohlbefinden sorgt ... und vielleicht sogar für Glücksgefühle.

Übung:
Selbstsichere Menschen haben keine Angst davor, andere Menschen anzusprechen. Wie sieht es bei Ihnen aus? Wie gut können Sie andere Menschen ansprechen? Probieren Sie das mal aus.

Für Einsteiger: Fragen Sie nach der Uhrzeit, nach dem Weg oder etwas anderem Banalen (wo ist der nächste Bäcker etc.).

Für Geübte: Sprechen Sie eine Person in einem Café oder Restaurant darauf an, ob sie zusammen einen Kaffee (oder was auch immer) zusammen trinken wollen.

Für sehr Geübte: Sprechen Sie diese Person am Bahnsteig, einer Bushaltestelle oder einfach so auf der Straße an.

Für Profis (oder „Verzweifelte"): Fragen Sie Passanten auf der Straße, in der Bahn, im Restaurant oder wo auch immer nach Geld. Wenn Sie diese Hemmschwelle überwinden, dann beglückwünschen Sie sich selbst.

Warum habe ich eben in der Überschrift für „Verzweifelte" geschrieben? Menschen, die nichts mehr zu verlieren haben, die vielleicht ganz unten angekommen sind, die verzweifelt sind, die auf der Straße leben oder schlichtweg gerade wirklich ein Problem haben, die notwendige Fahrkarte für ihren Rückweg zu kaufen – diese Menschen, meist in Notsituationen, haben kein Problem damit, andere Menschen nach Geld zu fragen. Sie können ohnehin nichts mehr verlieren, und das Schlimmste, was passieren kann ist ein „Nein!". Den Selbstsicheren und den „Verzweifelten" ist eines gemeinsam: Sie haben keine Angst mehr, etwas zu verlieren oder abgelehnt zu werden, entweder, weil sie sich selbst vertrauen oder weil sie nichts mehr zu verlieren haben.

Grundarten des Selbstwertgefühls

Es gibt zwei Grundarten von Selbstwertgefühl: das Selbstwertgefühl von außen und der Selbstwert von innen heraus.

Das Selbstwertgefühl von außen
Viele Menschen bauen ihr Selbstwertgefühl von außen auf. Wenn ein Selbstwertgefühl durch Impulse von außen entsteht, dann ist es im Prinzip nur ein „Wertgefühl".

Warum „Wertgefühl"? Es ist dann kein Selbst-Wert-Gefühl von innen heraus, sondern wir lernen, dass andere Menschen uns toll finden und unsere Leistung oder unseren gesellschaftlichen Status anerkennen.

Im Unternehmenskontext wird Leistung häufig mit „Geld" belohnt. Aber auch im sozialen Bereich oder im privaten Bereich tut es einfach gut, wenn andere Menschen uns anerkennen und wir Liebe, Zuneigung und Zugehörigkeit erfahren. Wir Menschen sind soziale Wesen und die meisten Menschen brauchen die Anerkennung anderer, um sich wohlzufühlen. Da spricht auch absolut nichts dagegen. Gefährlich wird es nur, wenn wir unser Selbst-Wert-Gefühl ausschließlich darauf aufbauen, dass andere uns toll finden. In dem Moment haben wir zwar das Gefühl, „wertvoll" zu sein, aber es bedarf eben der Bestätigung von außen.

Zusätzlich stärken viele Menschen ihr (Selbst-)Wertgefühl mit äußeren Werten, zum Beispiel mit einem tollen Auto, schöner Kleidung, Schmuck oder sonstigen Äußerlichkeiten. Auch hier spricht vom Grundsatz nichts dagegen – solange auch ein gesundes Selbstwertgefühl von innen heraus besteht. Wenn jedoch die Äußerlichkeiten zwingende Voraussetzung dafür sind, dass sich eine Person „wertvoll" fühlt, dann kann es auch hier problematisch werden, wenn diese Äußerlichkeiten einmal wegbrechen. Leider ist es in unserer Gesellschaft häufig so, dass der Wert eines Menschen schnell mal danach bemessen wird, wie er sich kleidet, welches Auto er fährt etc. Nicht ohne Grund heißt es „Kleider machen Leute"! Ein seriöser Selfmade-Millionär in abgewetzter, alter Kleidung wird vielleicht im ersten Moment im Geschäftsleben überhaupt nicht ernst genommen, während ein windiger Trickbetrüger in schicker Kleidung in der gleichen Situation einen Vertrauensvorschuss erhält. Sich gut zu kleiden und schöne Autos zu fahren macht sicherlich Spaß und hilft beim ersten Eindruck. Wenn es jedoch zur Notwendigkeit wird, um sich gut genug zu fühlen, dann ist es eventuell ein Zeichen mangelnden Selbstwertgefühls.

Wenn das Selbstwertgefühl ausschließlich durch äußere Anerkennung entsteht und ich von mir selbst nicht wirklich überzeugt bin bzw. mir und meiner Stärken selbst nicht bewusst bin und mir nicht vertraue, dann hängt es auch immer vom „Außen" ab. Ein Selbst-Wert-Gefühl, das ausschließlich von außen getriggert wird, ist vergleichbar mit einem Leuchtturm, der von außen angestrahlt wird.

Ziel sollte es sein, von innen heraus zu leuchten und von sich und seinem Wert selbst überzeugt zu sein.

Hierzu ein Beispiel aus meiner Berufspraxis: Als Trainerin in der Finanzbranche erlebe ich häufig die Diskussion um das Auto – es darf nicht zu alt oder zu billig sein (sonst könnte der Kunde denken, der Berater sei schlecht, weil er nicht genug Geld verdient), es darf nicht zu groß und zu protzig sein (denn sonst könnte der Kunde vielleicht denken, der Berater bereichere sich nur an den Kunden) und ähnliche Argumente. An diesen Argumenten ist sicherlich ein bisschen was dran, weil die Kunden ebenfalls häufig in „Schubladen" denken. Wenn jedoch das Selbstwertgefühl entsprechend gut ist, dann sollte es der Berater innerhalb kürzester Zeit schaffen, als Person zu überzeugen, und die Auto- oder Kleidungsdiskussion wird zur Nebensache oder gänzlich unwichtig.

Fazit: Selbstwertgefühl, das auf äußeren Umständen bzw. Äußerlichkeiten (wie Lob, Anerkennung, Statussymbolen) aufgebaut ist, ist wie ein Leuchtturm, der von außen angestrahlt wird. Solange das Licht an bleibt, ist alles gut. Gefährlich wird, wenn das Licht ausgeht, sich also die äußeren Umstände so verändern, dass Lob, Anerkennung oder materielle Werte weniger oder gar nicht mehr gegeben sind.

Das Selbstwertgefühl von innen heraus

Ziel sollte es also sein, ein gesundes Selbstwertgefühl von innen heraus zu entwickeln. Wenn ein gesundes Selbstwertgefühl von innen heraus vorhanden ist, dann kommen die gewünschten äußeren Effekte (Lob, Anerkennung, materielle Werte) fast von selbst! Äußerlichkeiten sind dann schön, geben zusätzliche Bestätigung und sorgen für ein Leben in Fülle. Sie sind dann jedoch keine Notwendigkeit mehr! Das Wohlbefinden, die Zufriedenheit und das Selbstwertgefühl sind dann ohnehin da – unabhängig von den äußeren Gegebenheiten.

Wenn ich von mir, meinen Stärken, meinem Können und von mir als Person selbst überzeugt bin, dann strahle ich das nach außen hin aus. Dadurch fühlen sich andere Menschen angezogen.

In Verhandlungspositionen können Sie dann sicher und selbstbewusst auftreten und Ihre gewünschten Preise fordern (solange sie halbwegs marktkonform sind, denn der Marktwert spielt neben dem Selbstwert natürlich auch eine Rolle). Sie werden Ihre Preise viel eher realisieren, als wenn Sie an sich oder an Ihren Produkten zweifeln. Diese Zweifel strahlen Sie nach außen aus.

Wenn das Selbstwertgefühl stimmig ist und Sie dennoch Schwierigkeiten mit dem Thema Geld haben, dann liegt es eventuell an Denkblockaden zum Thema und am falschen Geld-Management. Deshalb finden Sie in diesem Buch auch Aufgaben zum Thema „Geldbewusstsein" und den Themen „Glaubenssätze" und „Werte".

Wie kann ein gesundes Selbstwertgefühl von innen heraus entstehen?

Ich habe schon von einigen Methoden gesprochen, die mir seinerzeit geholfen haben, im Außen recht viel aufzubauen. Diese hören wir immer wieder von vielen Erfolgstrainern, und eine davon ist die Arbeit mit Affirmationen, zum Beispiel: „Sei einfach etwas selbstbewusster". Und es kommen dann so Tipps wie: „Klopfe Dir selbst auf die Schulter und sag Deinem Spiegelbild, wie toll Du bist!" Oder: „Trau Dir einfach was zu! Mach einfach!"

Unterstützend kann das durchaus sinnvoll sein. Wenn Sie jedoch tiefe Selbstzweifel haben, sind diese Methoden nicht wirklich zielführend, da Ihr Unterbewusstsein Ihnen sagt: „Das stimmt doch gar nicht." Das Unterbewusstsein ist viel stärker als das Bewusstsein. Wenn das Unterbewusstsein die tiefe Überzeugung hat, Sie seien nicht gut genug und Sie könnten das eine oder andere nicht, dann helfen leider auch positive Affirmationen nicht allzu viel. Sie können zwar auf alle Fälle einen Veränderungsprozess unterstützen, bei tiefgreifenden Zweifeln, Ängsten und Unsicherheiten helfen Affirmationen allein nur selten. Ein Veränderungsprozess raus aus diesen Unsicherheiten muss auf mehreren Ebenen erfolgen und ist oft ein langsamer, aber stetiger Prozess.

Was ist eine Affirmation?

Eine Affirmation ist ein positiver Satz oder eine positive Aussage, die man sich immer und immer wieder sagt, um seine Gedanken umzuprogrammieren. Die Technik der Affirmationen ist eine der bekanntesten und einfachsten Methoden, wenn Menschen sich selbst ändern wollen. Ziel einer Affirmation ist es, Verhalten und Gefühle zu etwas dauerhaft zu verändern, da Denken, Fühlen und Handeln wechselseitig zusammenhängen. Es wird angenommen, dass Affirmationen, die andauernd wiederholt werden, ins Unterbewusste eindringen und dadurch zu einer Veränderung führen.

Hilfreich und zumindest unterstützend kann auch eine weitere gern genannte Methode sein: das Führen eines *Erfolgstagebuchs*. Hier hinein schreiben Sie täglich Ihre kleineren und großen Erfolge. Dadurch soll Ihr Selbstwertgefühl nach und nach wachsen. Doch auch hier gilt:

Wenn Ihnen Ihr Unterbewusstsein nicht glaubt und stärker ist als Ihr Bewusstsein, funktioniert das nicht.

Eine Veränderung ausschließlich mit Affirmationen, Erfolgstagebuch und ähnlichen Methoden zu versuchen ist wie (bitte entschuldigen Sie diese Wortwahl, aber sie ist so passend) Sahne auf Scheiße kippen.

Selbst wenn zwischen dem Verdauungsendprodukt und der Sahne eine dicke Betonschicht ist, brodelt es an der Oberfläche weiter. Die Gefahr ist groß, dass die alten Themen wieder durchbrechen, vor allem, wenn Sie in entsprechende Situationen geraten. Manche Situationen sind wie ein Trigger. Wenn bestimmte Dinge passieren, dann reagieren wir nur noch – und das meistens aus unseren ganz alten Mustern heraus. Das Unterbewusstsein hat eine starke Kraft.

Veränderung der inneren Überzeugung

Die gute Nachricht ist: Eine Veränderung des Selbstwertgefühls *ist* möglich! Für den einen oder anderen bedeutet es vielleicht viel Arbeit und es kann ein mühseliger Weg sein. Aber es lohnt sich, diesen Weg zu beschreiten. Und es ist in jedem Fall ein Methoden-Mix. Die genannten Methoden dürfen gerne dazugehören und unterstützen den Prozess. Doch es braucht eben noch mehr.

Das Ziel sollte es sein, seine Muster und Denkweisen nachhaltig zu verändern. Erich Kästner hat einmal gesagt: „Es ist nie zu spät für eine gute Kindheit."

Das stimmt – Veränderung fängt im Kopf an, allerdings nicht nur durch Affirmationen, sondern durch eine Veränderung der inneren Überzeugung. Das Verändern der Gedanken verändert unser Leben!

Woran erkennen Sie eine veränderte innere Überzeugung? Wenn sich Ihr Denken und Fühlen wirklich verändert hat, dann kommen Sie in das alte Gefühl fast nicht mehr hinein – und Sie wollen es auch gar nicht. Sie wissen zwar, dass es mal anders war, aber Sie fühlen es nicht mehr.

Beginnen Sie die Reise zu Ihrem Selbst – weil Sie es sich wert sind.

Vielleicht kann Ihnen mein Buch helfen, einen wunderbaren Weg zu starten und am Ende bei sich selbst anzukommen.

Wodurch entsteht überhaupt ein mangelndes Selbstwertgefühl?

Um an Ihrem Selbstwertgefühl zu arbeiten, müssen Sie zunächst erkennen, dass es Ihnen an einem gesunden Selbstwert mangelt. Dann gehen Sie auf die Suche nach den Ursachen für Ihr mangelndes Selbstwertgefühl.

Eine grundlegende Frage ist ja: Ist dieses Gefühl der Unsicherheit und der Selbstzweifel latent bei mir immer da oder tritt es nur in bestimmten Situationen auf?

Dass wir in bestimmten, meist neuen, ungewohnten oder schwierigen Situationen auch mal unsicher sind, ist menschlich. In solchen Situationen helfen bestimmte Übungen, um auf die Schnelle wieder in seine Kraft zu kommen. Kritischer ist es, wenn das Gefühl der Unsicherheit und der Selbstzweifel häufig auftritt.

Woran erkennen wir nun aber ein noch nicht optimal ausgebildetes Selbstwertgefühl? Die Klassiker aus meiner Sicht sind:
* Wir können nicht „Nein!" sagen.
* Wir haben das Gefühl, auf unsere Meinung wird kein Wert gelegt oder sie wird gar nicht erst gehört.
* Wir haben das Gefühl, alle anderen bekommen immer die tollen Chancen und Möglichkeiten und wir gehen jedes Mal leer aus.
* Wir haben Angst vor Diskussionen oder Meinungsverschiedenheiten.
* Wir fühlen sich (noch) nicht gut genug, zum Beispiel um den nächsten beruflichen Schritt zu gehen. Deswegen machen wir eine Weiterbildung nach der anderen.
* Wir haben Angst vor Ablehnung.

Ein mangelndes Selbstwertgefühl ist das Gefühl, nicht gut genug zu sein. Ein Hinterfragen hilft:

- Ist das, was ich gerade über mich denke, wirklich real?
- Ist es wirklich wahr? Oder nehme ich Dinge nur aus meiner Perspektive wahr?
- Wovor genau habe ich genau Angst?
- Wie würde ich mich sehen, wenn ich eine andere Person wäre?
- Was wäre, wenn ich mich einfach mal trauen würde? Was wäre das Schlimmste, was passieren könnte? Und was wäre dann? Ist es wirklich so schlimm?
- Das, was ich als Handicap oder Schwäche an mir wahrnehme – ist es wirklich eine Schwäche oder ein Handicap? Was könnte die Stärke hinter der Schwäche sein? Was hat es Gutes, was ich bisher noch nicht gesehen habe?
- Wie wäre es, wenn ich ab sofort mir und meinen Stärken vertraue?

Meist ist es nur die Vorstellung von den Dingen, die uns Angst macht, und nicht die Situation als solche. Die Ursache für ein mangelndes Selbstwertgefühl wird oft bereits in der Kindheit gelegt. In vielen Fällen fehlte es damals an Anerkennung, und vor allem fehlte das Gefühl, genau richtig zu sein! Eltern sollten ihren Kindern genau dieses Gefühl vermitteln: Du bist genau richtig, so wie du bist. Wertschätzung ist wichtig. Doch viele Eltern geben – aus zu gut gemeintem Ehrgeiz – ihren Kindern immer wieder das Gefühl: Du musst noch mehr leisten. Du musst dieses oder jenes tun, um in der Gesellschaft anerkannt zu werden. Du musst dich verändern, um richtig zu sein. Konstruktive Förderung verbunden mit Wertschätzung sollte im Vordergrund stehen. Doch leider bekommen viele Kinder immer nur zu hören, was sie falsch machen und dass sie sich verändern sollen.

Als Erwachsene können wir uns immer wieder selbst sagen, dass wir genau richtig sind, so wie wir sind. Wir dürfen uns erlauben, so zu sein, wie wir sind. Ich weiß, das ist manchmal gar nicht so einfach. Aber durch regelmäßige Übung kann das nach und nach erreicht werden.

Übung:
In den Momenten der Selbstzweifel oder in den Momenten, wo Sie präsent und stark auftreten möchten, atmen Sie tief in den Bauch ein und aus.

Das tiefe Atmen in den Bauch hat zwei Haupteffekte:

1. Sie richten sich automatisch auf. Versuchen Sie einmal, krumm zu stehen, während Sie tief in den Bauch einatmen. Das funktioniert nicht. Sie richten sich auf und haben dadurch eine andere Präsenz.

2. Während Sie an das Atmen denken, werden alle anderen Gedanken ruhig. Je mehr Sie sich Gedanken über Ihre Wirkung und Präsenz machen (während Sie präsent sein wollen) und je mehr Ihr Fokus auf Ihren Ängsten und Schwächen liegt, umso mehr Macht haben diese über Sie. Sie verlieren an Präsenz und Wirkung. In dem Moment, wo Ihre Gedanken ruhig werden, haben Sie eine andere Präsenz und werden vom Gegenüber als selbstsicherer wahrgenommen. Sie stärken dadurch massiv Ihre Verhandlungsposition.

Akzeptieren und Loslassen

Um das mangelnde Selbstwertgefühl zu stärken, gibt es zwei Möglichkeiten: Ändere Deine Einstellung zur aktuellen Situation oder ändere Deine Situation!

Anders ausgedrückt: Akzeptiere und/oder lass los!

Zwei Lernaufgaben, die nahezu jeder Mensch in seinem Leben gestellt bekommt, sind das Akzeptieren und das Loslassen. Wenn wir unzufrieden oder unglücklich sind, dann gibt es für uns nur zwei Möglichkeiten: Entweder wir ändern unsere Situation oder wir ändern die Einstellung zu der Situation.

Manche Dinge im Leben können wir nicht ändern! Mein Tourette-Syndrom kann ich nicht ändern. Es ist ein ständiger Begleiter. Je mehr ich dagegen ankämpfe, desto mehr Macht hat es über mich und desto unglücklicher werde ich. So gibt es auch in Ihrem Leben Dinge, die Sie schlichtweg nicht ändern können. Doch manches Mal haben wir nur das Gefühl, Dinge nicht ändern zu können. Die meisten Dinge können verändert werden – die Frage ist nur: Will ich das wirklich? Welchen Preis – materiell und immateriell – bin ich dafür bereit zu zahlen?

Sind Sie in Ihrer Lebenssituation glücklich? Wenn nein: Was können (und wollen) Sie ändern? Ich möchte es an zwei Situationen erläutern:

Situation 1: Partnerschaft
Leben Sie vielleicht in einer Partnerschaft, aus der Sie sich im Grunde Ihres Herzens lösen möchten, dieses aber nicht tun, weil viele Gründe dagegensprechen (zum Beispiel gemeinsame Kinder, eine Firma, ein Haus, was auch immer ...)? Welche Konsequenzen hätte eine Trennung? Warum wollen Sie diesen Schritt nicht gehen? Wenn es zum Beispiel die Angst vor Status- oder Geldverlust ist, dann stellen Sie sich die Frage: Was wäre wenn? Was würde dann passieren, wie sähe Ihr Leben dann schlimmstenfalls aus? Wenn Sie Angst haben, dass eine Trennung Ihren Kindern

nicht guttäte (eine absolut berechtigte Angst) – wie gut aber ginge es Ihnen dann (und in Folge den Kindern)? Wäre das wirklich so hart für den Nachwuchs? Gäbe es nicht eine für alle einigermaßen akzeptable Lösung?

Treffen Sie eine Entscheidung! Wenn Sie nicht loslassen wollen und sich für die Partnerschaft/Familie entscheiden, dann ändern Sie Ihre Einstellung. Welche Themen und Probleme gibt es? Wie können diese verändert werden? Wenn etwas nicht verändert werden kann, wie können Sie Ihre Einstellung verändern? Was können Sie Gutes sehen?

Wenn Sie die Entscheidung einer Trennung treffen, welche Möglichkeiten gibt es – vielleicht auch mit weniger Geld? Vielleicht erst einmal ein WG-Zimmer? Vielleicht auf ein Auto, also auf Mobilität verzichten?

Ich weiß, wie schwer solche Entscheidungen sind! Ich habe es selbst erlebt. Nach 16 Ehejahren trennte ich mich von meinem Mann. Ich habe genau das getan, was oben steht: Ich zog mit Mitte vierzig in ein WG-Zimmer und musste zunächst erstmal mein Auto verkaufen – beides aus finanziellen Gründen, da ich nach wie vor für unser halbes Haus zuzüglich Unterhalt gezahlt habe.

Es war eine spannende Zeit. Ich musste unglaublich viel loslassen – Materielles und Immaterielles. Doch es begann eine neue wunderbare Zeit. Die äußeren materiellen Rahmenbedingungen waren alles andere als gut. Doch ich lernte wieder einmal: Mein Glück hängt nicht primär von den finanziellen Dingen ab. Statt 160 qm hatte ich nur noch 12 qm. Statt mit dem Auto fuhr ich jetzt Bus und Bahn. Meine Einrichtung war ein Sammelsurium von gebrauchten Möbeln. Doch ich war frei und glücklich.

Mit dieser Befreiung kam spannenderweise ein enormer beruflicher Auftrieb. Plötzlich wurden meine ganzen Projekte erfolgreich. Heute habe ich wieder ein tolles Cabrio und lebe in einer 100-qm-Eigentumswohnung.

Situation 2: Job
Ich kenne viele Menschen, die in ihrem Job nicht glücklich sind. Sie jammern nonstop über die Arbeit, über die Kollegen, über das Umfeld, über die Bezahlung oder was auch immer. Sie würden so gerne etwas anderes machen! Aber irgendetwas hindert diese Menschen daran, den Job

zu wechseln. Meist ist es die Angst vor Statusverlust oder davor, nicht genug Geld zu haben.

Wenn Sicherheit ein hoher Wert für Sie ist und Sie sich nicht vorstellen können, ein Risiko einzugehen, den Job loszulassen, dann sollten Sie Ihre Einstellung zum Job ändern. Wir verbringen meist viel zu viel Zeit mit unserer Arbeit. Was für verschwendete Lebenszeit, wenn diese Zeit nur mit Ärger, Stress und unangenehmen Gefühlen gefüllt ist. In einem solchen Fall sollte man dringend die Einstellung zu dem Job ändern ... oder vielleicht doch die Situation? Wie kann die Situation geändert werden? Kann im Job selbst etwas verändert werden oder wäre ein Jobwechsel doch das Beste?

Was wäre denn der Worst Case? Ist dieser Worst Case wirklich so schlimm oder gäbe es Lösungen? Macht es nicht vielleicht doch Sinn, für ein glücklicheres Leben eine mutige Entscheidung zu treffen?

Ich sage Menschen in einer solchen Situation gerne: „Unglücklich bist du schon! Wie kann es jetzt besser werden? Welche Chancen möchtest du nutzen? Ändere die Situation oder deine Einstellung dazu!"

Akzeptanz oder Loslassen! Was ist Ihr Weg? Sie können jederzeit Ihren Weg und damit Ihr Leben verändern. Welche Entscheidungen sind Sie bereit zu treffen? Wie frei wollen Sie sein? Wie glücklich wollen Sie sein?

Mit einem gesunden Selbstwertgefühl und dem Vertrauen in die eigenen Fähigkeiten ist es wesentlich einfacher, Entscheidungen zu treffen. Vertrauen – eine wichtige Zutat zum Glück!

Vertrauen in sich selbst – Vertrauen in die Umstände. Vertrauen, dass alles gut ist, so wie es ist, auch wenn manche Dinge wehtun und wir so manches Mal (noch) nicht verstehen, warum dieses oder jenes passiert bzw. passiert ist.

Ich schulde Ihnen übrigens noch eine Antwort! Die Antwort, warum heute bei mir, in meinem Leben alles anders ist als zu der Zeit, als ich es mir das erste und das zweite Mal neu aufbauen musste. Warum bleiben das Geld, der Erfolg und das Glück – im Gegensatz zu damals – heute bei mir? Der Schlüssel liegt im „Innen wie im Außen".

Innen wie außen – außen wie innen

Dieses kosmische Gesetz aus der Überschrift ist viele Jahrtausende alt. Zugeschrieben wird es Hermes Trismegistos, auch Thoth genannt, einer Verschmelzung aus dem griechischen mit eben jenem altägyptischen Gott. 1908 wurde das Gesetz in Chicago als Buch „Kybalion" veröffentlicht. Es ist das zweite der sieben hermetischen (von „Hermes") Prinzipien oder Gesetze und behandelt das Prinzip der „Analogie", der „Entsprechung". Es besagt: „Wie oben, so unten; wie innen, so außen; wie der Geist, so der Körper." Daraus kann man den Schluss ziehen, dass die äußeren Umstände sich im Menschen widerspiegeln und der Mensch wiederum seine Umwelt beeinflusst.

Was hat dieses Gesetz mit mir und dem Thema Selbstwert zu tun?

Ich habe seinerzeit Dank der Methoden, die ich gelernt habe, viel aufgebaut. Zwei dieser Methoden – das Erfolgstagebuch und Affirmationen – habe ich weiter vorne im Buch bereits kurz erläutert. Eine weitere Methode war das verkrampfte, erzwungene positive Denken. Bitte verstehen Sie mich nicht falsch! Ich bin ein sehr optimistischer Mensch, und positives Denken ist absolut förderlich beim Erreichen von Zielen. Aber alles, was übertrieben wird, kann sich ins Gegenteil drehen. Wir leben nun einmal in einer Welt der Polarität. Es gibt gut und schlecht, schwarz und weiß, heiß und kalt, hell und dunkel etc.! Jede Medaille hat zwei Seiten. So ist es auch mit unserem Gefühlsleben. Es ist wichtig, auch mal die negativen Gefühle zuzulassen – sie dürfen nur keine Macht über uns gewinnen. Wir können nicht nur eine Seite leben. Wenn wir immer nur krampfhaft das Positive sehen und das Negative verdrängen, dann wird es irgendwann zur Normalität. Wirkliche Glücksgefühle bleiben irgendwann aus.

Was meine ich mit dem krampfhaften, erzwungenen positiven Denken? Ich habe seinerzeit alles, aber auch wirklich alles ins Positive gedreht! Irgendetwas Positives findet sich in jeder negativen Situation. Ein verpatztes Kundengespräch ist eine Lernaufgabe, der cholerische Kollege lehrt uns Ruhe zu bewahren, und selbst an einem umgekippten Glas Cola konnte ich noch etwas Gutes entdecken: Ich hatte einen guten Grund, endlich mal wieder den Fußboden zu schrubben und zum Beispiel auf Wasser umzusteigen.

Selbst als meine ganze Welt zusammenbrach (zum Zeitpunkt der Insolvenz), habe ich noch versucht, in allem das Gute zu sehen … doch meine Gefühle stumpften nach und nach ab. Ich habe keine Wut und keine Trauer mehr empfunden, aber auch keine Freude mehr. Das war der Beginn der Depression …

Heute vergleiche ich es gerne mit einer Wippe: Wir können nicht nur eine Seite (er-)leben. Je mehr wir versuchen, eine Seite zu ignorieren, desto mehr bewegen wir uns auf die Mitte der Wippe zu. Es ist dann zwar „alles im Lot", aber die extremen Gefühle (auf beiden Seiten) werden nicht mehr gelebt. Wir brauchen beide Seiten, um glücklich zu sein. Ziel sollte es jedoch sein, dass die positive Seite in den meisten Fällen überwiegt!

Also: Positives Denken ist gut und sinnvoll – solange es nicht übertrieben wird und negative Gefühle gänzlich verdrängt (und nicht verarbeitet) werden.

All diese Methoden sind vom Grundsatz wirklich gut und haben bei mir ja auch zum Erfolg geführt. Doch all diese Methoden stärken das Selbstwertgefühl dadurch, dass von außen etwas zugeführt wird – in der Hoffnung, dass das Innen dann irgendwann folgt. Das funktioniert dann, wenn die Affirmationen, die Erfolge, das positive Denken etc. stärker sind als das Gefühl „innen drin", stärker als das Unterbewusstsein. Wenn jedoch massive Selbstwertzweifel vorhanden und tief im Unterbewusstsein verwurzelt sind, dann dauert der Weg leider etwas länger – aber es ist schaffbar.

Ich bin damals tief in mir drin das kleine Mädchen geblieben. Das abgelehnte, gehänselte Mädchen mit den Selbstzweifeln, dem Erfolg und Geld einfach nicht zustanden. Weil es so anders war.

Innen wie außen – außen wie innen.

Viele Methoden (unter anderem die bereits beschriebenen) zielen darauf ab, dass das Innen dem Außen folgt. Wenn ich also nur oft genug „so tue, als ob", dann glaubt auch irgendwann mein „Innen" das alles. Da kann man dann auch so Tipps lesen wie: „Stelle Dich jeden Tag vor den Spiegel und erzähle Dir selbst, wie toll Du bist!" Oder Tipps wie: „Du musst einfach so tun, als ob genug Geld da ist, dann kommt es schon in Dein Leben – lebe doch einfach so, als ob Du Dir alles leisten kannst, damit Dein Unterbewusstsein es Dir glaubt!" Zugegeben, das ist jetzt sehr einfach zusammengefasst. Aber bei solchen Methoden schreit mein Finanzberater-Herz. Ich habe leider zu viele hoch verschuldete Menschen erlebt, die genau so gelebt haben.

Das Ganze hat jedoch einen kleinen Haken: Wenn Dir Dein Unterbewusstsein nicht glaubt und stärker ist, dann funktioniert das nicht!!!

Ich möchte ein anderes einfaches Beispiel anführen. Sie kennen vielleicht den Klassiker, sich vom Universum einen Parkplatz zu wünschen. Es gibt Menschen, bei denen klappt das. Bei anderen nicht. Warum nur?

Die Antwort liegt im Unterbewusstsein! Wenn Dein Unterbewusstsein Dir nicht glaubt, dann wird es nicht funktionieren. Erst mit der sicheren Überzeugung (ohne Zweifel aus dem Unterbewusstsein) funktioniert das (spannenderweise) auch!

Zurück zu mir: Mein Unterbewusstsein (also mein Innen) war stärker als das Außen. Aus dem Grund habe ich unbewusst immer wieder Dinge getan bzw. Situationen in mein Leben gezogen, die meinen Erfolg boykottierten. Ich war es nicht wert! Mein Selbstwertgefühl war nur im Außen aufgebaut.

Wenn ein Mensch von innen heraus strahlt und von innen heraus selbstbewusst ist, nennen wir das Ausstrahlung. Ich frage mich, ob man das bei Menschen, deren Selbstwertgefühl von außen aufgebaut ist, eigentlich Anstrahlung nennt?

Erinnern Sie sich an die Metapher mit dem Leuchtturm? Mein Leuchtturm war nur von außen angestrahlt – mit der Insolvenz ging das Licht aus. Das Licht von innen fehlte.

Wie viel Licht strahlt bei Ihnen von innen heraus? Denn selbst, wenn Ihr Licht bereits von innen heraus leuchtet, ist die Frage, wie stark das Licht ist. Das wurde mir in einem Gespräch bewusst, als mir ein Manager von einer Situation erzählte, wo er das Gefühl hatte, neben ihm seien lauter Leuchttürme und er sei die kleine Funzel. Das gab meiner Metapher eine neue Dimension. Nicht nur die Dimensionen „Licht an" oder „Licht aus", sondern auch die Dimension „wie stark leuchtet Dein Licht".

Das Licht von innen heraus hat nichts mit den äußeren Umständen oder mit dem Kontostand zu tun. Es leuchtet umso stärker, je mehr wir uns unseres Selbst bewusst sind und je mehr wir mit uns und unseren Umständen im Reinen sind.

Wenn ich meine Werte, Wünsche und Ziele kenne, wenn ich mir meiner Stärken bewusst bin und meinen Lebensweg so gehe, wie er für mich richtig ist, dann kann das Licht von innen heraus strahlen.

Als ich anfing, inneren Reichtum zu spüren, und anfing, dankbar für all die guten Dinge zu sein, die es in meinem Leben gibt und die passiert sind, ab diesem Zeitpunkt bildete sich der Reichtum auch im Außen ab. Dieser Reichtum hat nicht unbedingt mit materiellen Werten zu tun, sondern in erster Linie mit immateriellen Dingen. Dennoch: Als mein innerer Reichtum wuchs und ich mir meines eigenen Wertes immer bewusster wurde, kam auch der äußere Wohlstand wieder in mein Leben und bleibt seitdem bei mir. Der inneren Fülle folgte die Fülle im Außen. Denn das Gefühl der Fülle hat nicht nur mit Wohlstand zu tun. Das eine ist materiell, das andere ist ein Gefühl.

Innen wie außen, außen wie innen.

Mein Innen war nun stärker als das Außen, ich konnte mit wenig Materiellem zufrieden sein, und ich konnte es verlassen, das Hamsterrad. Nun folgt mein Innen dem Außen – im Außen bildet sich das ab, was ich im Innen spüre.

Das Geld-Zeit-Gefängnis

Das Geld-Zeit-Gefängnis – damit meine ich das Paradox, viel zu arbeiten, um Geld zu haben, damit man sich eine schöne Zeit machen kann, die man aber nicht haben kann, weil man ja so viel arbeitet. Andere nennen es Hamsterrad. Für einen Hamster im Hamsterrad fühlt es sich vielleicht so an, als wenn wir eine Rolltreppe falsch herum hochlaufen. Manche Menschen fühlen sich in ihrem Job genauso. Sie rennen und rennen und versuchen weiterzukommen. Vielleicht wird auch die eine oder andere Stufe nach oben geschafft. Doch für manch einen ist es sehr, sehr anstrengend.

Hand auf's Herz: Wie glücklich sind Sie mit Ihrem Zeit-Geld-Konto? Haben Sie genug Zeit, um all die Dinge zu tun, die Sie gerne tun möchten? Und wenn Sie genug Zeit haben, haben Sie dann auch genug Geld, um all das zu tun, was Sie gerne machen möchten?

Bei den meisten Menschen passt nur eine der beiden Seiten, sie haben entweder genug Zeit oder genug Geld. Leider gibt es auch viel zu viele Menschen, bei denen beides knapp ist – Geld und Zeit.

Ich möchte Ihnen ein paar Beispiele aufführen, wie so ein Zeit-Geld-Gefängnis aussehen kann. Bleiben wir zunächst beim Beispiel des Jobs.

Beispiel 1: Job
Sind Sie glücklich in Ihrem Job? Haben Sie finanzielle Sicherheit? Verdienen Sie genug Geld für all die Träume und Wünsche, die Sie so haben? Bleibt Ihnen noch genug Zeit für Familie, Freizeit und Hobby? Wenn Sie alle Fragen mit „Ja" beantworten können, dann möchte ich Sie beglückwünschen, dann ist dieses Kapitel nicht das Richtige für Sie und Sie können in das nächste Thema einsteigen.

Sie können dieses Kapitel auch dann überspringen, wenn Sie für sich sagen: „Ich verdiene zwar nicht das Geld, das ich gerne hätte, und ich wünsche mir manches Mal mehr Freizeit, aber meine Tätigkeit ist erfüllend und macht mich glücklich". Das hat wieder etwas mit Bewusstheit zu tun. Jede Entscheidung hat ihren Preis. Ich habe Menschen vor allem in sozialen und pädagogischen Berufen kennengelernt, die sehr glücklich sind und ihre Tätigkeit als unglaublich erfüllend ansehen. Der Preis für diese Berufe ist leider oft, dass sie nicht so gut bezahlt werden. Aber das Geld hat für diese Menschen keine so große Wichtigkeit. Erinnern Sie sich an meine Geschichte im Elbecamp: Auch mit wenig Geld kann man sehr zufrieden und glücklich sein.

Dieses Kapitel richtet sich an die Menschen, die unzufrieden sind.

Es richtet sich zum einen an diejenigen, die vielleicht viel zu viel für viel zu wenig Geld arbeiten – und zusätzlich in ihrer Tätigkeit nicht zufrieden sind. Und es richtet sich an diejenigen, die vielleicht viel Geld verdienen, aber ebenfalls nicht glücklich sind.

Ich habe in meiner Coaching- und Trainertätigkeit leider viele Menschen kennengelernt, die in ihrem Job im Grunde ihres Herzens nicht glücklich sind. Und das hat primär nichts mit der Höhe des Einkommens zu tun, sondern mit der Angst, die Sicherheit ihres Jobs zu verlieren. Würden Sie sich trauen, einen sicheren Job mit einem festen Einkommen aufzugeben? Um sich zum Beispiel einer neuen, spannenden Herausforderung zu stellen (mit weniger Sicherheit) oder um sich selbstständig zu machen?

Auch hier gilt: Wenn Sie diese Frage mit „Ja" beantworten, dann seien Sie stolz auf sich. Viele Menschen halten an Jobs fest, weil sie Angst vor Sicherheitsverlust haben. Dahinter steckt die Angst, nicht genug Geld zu haben, vielleicht sogar etwas zu verlieren oder aufgeben zu müssen (die große Wohnung, das Auto, das teure Hobby, den Lebensstandard, ...). Im Extremfall leben diese Personen dann nur von Wochenende zu Wochenende, von Urlaub zu Urlaub oder zählen im Extremfall sogar schon die Jahre bis zur Rente – weil sie dann endlich frei sind und machen können, was sie wollen. Doch wie traurig ist das für all die Jahre, in denen nicht gelebt wird. Und wie sieht es mit unserer Gesundheit aus, wenn wir in Rente sind?

Das Leben sollte doch heute stattfinden, im Hier und Jetzt.

Das ist ein typisches Beispiel für das Geld-Zeit-Gefängnis. Es fehlt an wirklicher Lebens-Zeit, weil Geld verdient werden muss.

Der Preis für die vermeintliche finanzielle Sicherheit ist der Wohl-fühl-Faktor. Es wird wertvolle Lebenszeit gegen Geld getauscht. Beruf-liche Wünsche und Sehnsüchte werden nicht gelebt, aus Angst vor dem Scheitern. Auch das hat wieder etwas mit Selbstvertrauen und Selbst-wert zu tun. Wenn ich meinen Stärken und meinem Wert vertraue und mir meiner Selbst sicher bin, dann kann ich mir auch selbst vertrauen und einen mutigen Schritt wagen.

Wir haben im Leben immer nur zwei Möglichkeiten, um zufriedener zu werden:

Ändere die Situation oder Deine Einstellung dazu. Loslassen oder ak-zeptieren.

Ich möchte noch ein weiteres Beispiel für das Geld-Zeit-Gefängnis brin-gen: Kredite!

Kredite machen unfrei.

Beispiel 2: Kredite

Es geht mir hier nicht primär darum, Ihnen Kredite auszureden. Manchmal brauchen wir Kredite, um den nächsten Schritt gehen zu können – zum Beispiel für eine angestrebte Selbstständigkeit oder eine tolle Ausbildung. Vielleicht brauchen Sie auch ein Auto, um eine Berufstätigkeit ausüben zu können. Oft sind Kredite auch sinnvoll, um ein Vermögen aufzubauen, so zum Beispiel, wenn ich mir eine Immobi-lie kaufe.

Doch Eigentum verpflichtet auch. Es können weitere Kosten entstehen, zum Beispiel durch Reparaturen und Instandhaltung. Doch viel wich-tiger dabei ist: Kredite müssen bezahlt werden. Wenn die Höhe der Kreditraten nicht zu den Einkünften passt, dann kann zum Beispiel der

Traum von einer Immobilie auch zum Alptraum werden.

Mit jedem Kredit, der aufgenommen wird, steigt die Höhe der Raten und somit die regelmäßigen Kosten. Je höher die Pflichtkosten sind, desto schwieriger ist es natürlich, mutige Schritte – wie zum Beispiel den Schritt in eine Selbstständigkeit – zu wagen.

Das Geld für die Kredite muss nun einmal verdient werden und sorgt dafür, dass ein Teil der (Arbeits-)Zeit zwingend dafür verwendet wird. Wenn das, wofür der Kredit aufgenommen wird, wirklich glücklich macht, ist das auch völlig in Ordnung. Wenn es zur Belastung wird, dann ist es höchste Zeit, etwas zu verändern.

Geld und Zeit – beides ist messbar, doch beides hat für jeden einen anderen Wert. So hat ein Hartz-IV-Empfänger vielleicht mehr Zeit als Geld und ein Manager hat vielleicht mehr Geld als Zeit. Doch wer von beiden ist glücklicher? Hat Glück überhaupt etwas mit Geld und Zeit zu tun?

Viele Menschen wünschen sich finanzielle Freiheit. Doch warum eigentlich? Ist es vielleicht der Wunsch, seine Zeit frei gestalten zu können, ohne Rücksicht auf Kosten? Ist es der Wunsch, sich die Dinge zu kaufen, die man sich aktuell nicht leisten kann? Ist es der Wunsch nach Sicherheit? Bedeutet finanzielle Freiheit gleichzeitig Glück?

Der Logik folgend müssten doch Lottogewinner oder Inhaber großer Vermögen besonders glücklich sein. Sind sie das?

Glück hat nicht primär etwas mit dem Geld und der Zeit zu tun, sondern mit unseren Gedanken und unserer Einstellung zu uns und unserem Leben. Es ist wieder einmal das Thema Bewusstheit. Was macht Sie wirklich glücklich und zufrieden? Oder anders gefragt: Was sind die Dinge in Ihrem Leben, die zur Unzufriedenheit führen?

Können Sie etwas an dem, was Sie unglücklich macht, verändern? Welchen Preis sind Sie bereit für die Veränderung zu zahlen? Und dieser Preis hat nicht immer etwas mit materiellen Dingen zu tun. Manchmal müssen wir hierfür vielleicht auch einer anderen Person wehtun, wenn sie von dieser Entscheidung mit betroffen ist. Können und wollen Sie etwas ändern? Sind Sie bereit, die Entscheidung zu treffen? Falls nein, dann ändern Sie bitte Ihre Einstellung zu dem Thema. Ein Verändern der Gedanken verändert unser Leben.

Mein Tourette-Syndrom kann ich leider nicht ändern. Es bleibt nur die Akzeptanz und das Integrieren in das Leben – und damit steigt auch das Selbstwertgefühl.

Ich messe meinen Wert nicht mehr an Geld.

Dein Kontostand als Spiegel Deines Selbstwertgefühls?

Noch einmal Hand auf's Herz: Wie wichtig ist Ihnen das Thema Geld? Wie viele Gedanken machen Sie sich täglich um das Thema?

John Davison Rockefeller sagte einmal: „Es ist besser, einen Tag im Monat über sein Geld nachzudenken, als einen ganzen Monat dafür zu arbeiten." Recht hat er – vorausgesetzt, es ist schon genug Geld vorhanden. Für alle anderen könnte es ein Ziel sein, dahin zu kommen.

Von Konfuzius lesen wir: „Wähle einen Beruf, den Du liebst, und Du brauchst keinen Tag in Deinem Leben mehr zu arbeiten." Auch er hat recht!

Ich behaupte an dieser Stelle: Wenn Ihr Leben schon so aussieht, dass das erste oder das zweite Zitat passt, dann würden Sie wahrscheinlich dieses Buch nicht in Ihren Händen halten.

Doch was hat nun der Kontostand mit dem Selbstwertgefühl zu tun? Bei Rockefeller und Konfuzius sicherlich sehr wenig bis gar nichts. Doch für zwei Dinge möchte ich Sie sensibilisieren, denn der Kontostand kann sehr wohl etwas über das Selbstwertgefühl verraten bzw. der Kontostand kann ein Spiegel eines mangelnden Selbstwertgefühls sein.

Ein gesundes Selbstwertgefühl füllt die Einnahmenseite

Es gibt Menschen, die haben (massive) Geldprobleme. Das liegt meistens daran, dass entweder die Einnahmen zu gering oder die Ausgaben zu hoch sind. Im schlechtesten Fall trifft beides zu.

Fakt ist: Die Ausgabenseite muss zu der Einnahmenseite passen. In dem Moment, wo die Ausgaben höher sind als die Einnahmen, kommt es langfristig zur Überschuldung.

Fall 1: Die Einnahmen sind zu gering

Das kann selbstverständlich viele Ursachen haben. Im besten Fall brauchen Sie auch nicht mehr Geld, weil Sie in Ihrem Beruf glücklich sind und Ihre Erfüllung finden. Wenn Ihre Einnahmen jedoch nicht ausreichen, sollten Sie entweder etwas an der Ausgabenseite machen oder sich einen besser bezahlten Job suchen (der Sie aber gleichzeitig glücklich macht). Wenn Sie nur des Geldes wegen Ihren Job wechseln, dann hält der positive Effekt nicht lange an und im schlechtesten Fall tritt Unzufriedenheit auf.

Ich nenne ein paar Beispiele, wo der Kontostand etwas mit dem Selbstwertgefühl zu tun haben könnte.

Bei Selbstständigen und Verkäufern: Ein Selbstständiger sollte den Mut haben, seinen Preis zu nennen. Aus Angst davor, einen Auftrag nicht zu bekommen, werden vielleicht schon im Vorfeld Rabatte gewährt oder die Höhe des Preises wird vor dem Kunden gerechtfertigt, ohne dass dieser überhaupt danach gefragt hat.

Kennen Sie Situationen, wo Sie einem Kunden dringend etwas verkaufen wollen und dabei die ganze Zeit um den Ihrer Meinung nach stolzen Preis wie um den heißen Brei „herumeiern"? Statt des Preises lassen Sie dann Sätze los wie: „Das Produkt ist nicht ganz billig, dafür kann es aber ... und hat diese und jene Merkmale ..." Und weil Sie unbedingt verkaufen wollen, aber denken, dass der Preis bestimmt zu hoch ist, bieten Sie ungefragt gleich die Möglichkeiten der Ratenzahlung an. Wenn Sie bei solchem Vorgehen zu wenig oder zu günstig verkaufen, dann ist das die Folge Ihres mangelnden Selbstwertgefühls, des Gefühls, dass Sie oder das Produkt nicht gut genug sind. Wenn Sie sich jetzt als Verkäufer oder Selbstständiger ertappt fühlen, dann lege ich Ihnen neben einem Seminar zum Thema Verkauf und Kommunikation ans Herz, dringend an Ihrem Selbstwertgefühl zu arbeiten, damit Sie sich selbst und Ihren Leistungen vertrauen.

Bei Angestellten, die viel leisten und zu schlecht bezahlt werden: Hier gilt letztlich Ähnliches. Solange Sie sich nicht zutrauen, mit Ihrer Führungskraft über das Thema Geld zu sprechen (vielleicht aus Angst vor möglichen Konsequenzen), so lange wird sich nichts an den Einnahmen ändern.

Bei Arbeitslosen: Wenn Sie arbeitslos sind und immer wieder in Vorstellungsgesprächen abgelehnt werden, hat es vielleicht auch etwas mit Ihrem Auftreten zu tun. Ein selbstsicheres und authentisches Auftreten sowie Präsenz hilft, um eventuell den gewünschten Job zu ergattern.

Präsenz, was meint das eigentlich?

Kennen Sie Menschen, die in einen Raum kommen und man hat das Gefühl, der Raum erstrahlt oder wird wärmer? Das ist Präsenz. Schaut man nach Synonymen, findet man dafür auch die Begriffe „Ausstrahlung" und „Charisma".

Ein anderes Beispiel für Präsenz:

Kennen Sie Menschen, die, egal in welcher Diskussion oder Runde sie sich befinden, immer wieder Gehör bekommen? Sie kommen zu Wort (ohne sich lautstark durchsetzen zu müssen). Sie werden beachtet.

Und dann gibt es Menschen, die andauernd übersehen und überhört werden, die sich in Gesprächsrunden nicht durchsetzen können, die das Gefühl haben, für andere unsichtbar zu sein. Das ist natürlich das andere Extrem … zeigt aber gut den Unterschied zwischen Menschen, die präsent sind, und Menschen, die weniger präsent sind.

Präsenz fängt in Ihnen selbst an. Sind Sie beispielsweise mit Ihrer vollen Aufmerksamkeit beim Gesprächspartner? Hören Sie ihm zu? Oder sind Sie in Gedanken bei sich selbst, bei Ihrer eigenen Geschichte, bei Ihren eigenen Problemen oder bei Ihrer eigenen Unsicherheit (Wie wirke ich? Was denkt der andere? Und ähnliche Gedanken)?

Präsenz hat etwas mit Aufmerksamkeit zu tun. Menschen, die nur mit sich selbst und ihren eigenen Themen beschäftigt sind (während eines Gesprächs mit anderen), wirken auf den anderen häufig nicht präsent.

Und das ist ein Teufelskreis: Während Sie sich Gedanken über Ihre Wirkung auf den anderen machen, reduzieren Sie gleichzeitig Ihre Präsenz.

Mit einem gesunden Selbstwertgefühl ohne Zweifel in der aktuellen Situation wirken Sie präsent und es ist in jedem Fall einfacher, höhere Einnahmen zu generieren, als wenn Ihre Selbstzweifel siegen. Ein gesundes Selbstwertgefühl sorgt für Selbstsicherheit und Selbstvertrauen. Wenn wir anfangen, uns selbst zu vertrauen, dann vertrauen uns auch die anderen. Zum Thema Vertrauen gehört auch das Vertrauen, dass andere genau uns und unsere Leistung haben wollen.

Fall 2: Die Ausgaben sind zu hoch
Auch die Ausgabenseite hat nicht zwangsläufig etwas mit dem Thema Selbstwert zu tun. Doch die Frage ist, wofür zu viel Geld ausgegeben wird. Werden Statussymbole gekauft? Wurden vielleicht sogar Kredite aufgenommen, um diese Statussymbole zu finanzieren? Gegen Statussymbole ist gar nichts einzuwenden – solange sie aus Liquidität gut bezahlt werden können und solange sie nicht zwingend notwendig sind, um sein Selbstwertgefühl zu erhöhen.

Leider ist es in unserer Gesellschaft oft so, dass Menschen in der Geschäftswelt nach Äußerlichkeiten bewertet werden. Der erste Eindruck zählt, und dazu gehören in vielen Berufen leider auch die Themen: Welches Auto fährt jemand? Was trägt er für Kleidung? Was für eine Uhr und welche Schuhe werden getragen?

Und genau hier fängt ein echtes Problem an! Stellen Sie sich einen intelligenten, kreativen Menschen mit tollen Qualifikationen vor. Er hat Träume. Er möchte dazugehören – zu den „Großen, Schönen, Reichen". Er hat das Potenzial. Doch ihm fehlen aktuell leider die Kontakte, das Netzwerk und vor allem Geld. Das ist ein Teufelskreislauf: Um wahrgenommen zu werden, muss er in vielen Bereichen und Berufen das richtige Auto, die richtige Kleidung, die richtigen Accessoires haben. Hat er das nicht, wird er nicht in diese Bereiche aufgenommen. Aber erst in diesen Bereichen oder Berufen verdient er das nötige Geld, um sich die nötigen Dinge als Zugang zu kaufen.

Möglicherweise könnte er es dennoch hineinschaffen, aber nur mit einem verdammt guten Selbstwertgefühl und mit viel Mut. Es ist machbar und schaffbar, doch leider ohne die richtigen Kontakte extrem schwierig.

Möglicherweise wird dieser Mensch sich jetzt verschulden, sich das Auto, die teure Kleidung eben „auf Pump" zulegen. Ob er sich von diesem Kredit je erholen wird, sei dahingestellt.

Das bringt uns zurück zum Kontostand: Wie viel Geld geben Menschen für Dinge aus, die sie eigentlich nur deswegen kaufen, um anderen zu imponieren oder um anerkannt zu werden?

In bestimmten Berufsgruppen leider viel zu viele. Ich komme aus der Finanzbranche. Gerade im Außendienst in der Finanzbranche habe ich das immer und immer wieder festgestellt. Da wird das Selbstwertgefühl häufig durch Äußerlichkeiten aufgewertet – das repräsentative Auto, der besondere Laptop, die spezielle Uhr ... Doch wird das wirklich gebraucht?

Noch einmal: Solange alles bezahlbar ist, spricht überhaupt nichts dagegen. Mir geht es um die Gefahr der Überschuldung. Ich habe leider viel zu viele Menschen erlebt, die sich genau dadurch ihr Geld-Zeit-Gefängnis geschaffen haben. Sie haben Dinge gekauft, um ihr Selbstwertgefühl aufzubessern. Und genau dadurch entsteht Unfreiheit, die vielleicht unglücklich macht.

Reflektieren Sie: Was ist es, was Sie glücklich macht? Wie frei wollen Sie sein?

Übung:
Welche Einnahmen haben Sie aktuell?
Wie sieht es mit Ihrer Ausgabenseite aus?
Bei den Einnahmen: Wie können diese ggf. erhöht werden?
Bei den Ausgaben: Brauchen Sie diese Ausgaben wirklich? Was wäre die Alternative? Können die Ausgaben dadurch gesenkt werden?

Erstellen Sie eine Liste. Seien Sie ehrlich zu sich selbst.
Anschließend stellen Sie sich die Fragen:
Was mache ich mit dem Geld und was macht das Geld mit mir?
Kann ich bei mir einen Zusammenhang entdecken zwischen meinem
Kontostand und meinem Selbstwertgefühl?

In einem der vorherigen Kapitel haben Sie für sich schon einmal die
Frage beantwortet, was Ihre Wünsche sind, für die Sie Geld investieren
müssen. Ich möchte mit Ihnen jetzt noch einen Schritt weiter gehen. Die
Übung ist angelehnt an die „Big five for live" von John Strelecky, verbunden mit der Empfehlung, das gleichnamige Buch von ihm zu lesen.

Übung:
Was sind Ihre fünf größten Herzenswünsche für die Zukunft (unabhängig vom Geld)? Sie dürfen hier alle Wünsche nennen – egal, ob
es ein ideeller oder ein materieller Wunsch ist.

Haben Sie Ihre Wünsche benannt? Dann überlegen Sie bitte:
Auf einer Skala von 1 bis 10: Was haben Sie schon für diese Wunscherfüllung getan?
Wert 1 heißt: Überhaupt noch nichts. Dieser Wunsch ist so weit von
mir entfernt und ich glaube aktuell nicht, dass ich es jemals schaffen
werde.
Wert 10 heißt: Meine ganze Kraft, Energie und Ausdauer fließt bereits
in die Wunscherfüllung. Ich bin kurz davor, mein Ziel zu erreichen.

Wenn Sie niedrige Werte erzielen auf Ihrer Wunscherfüllungsskala,
überlegen Sie:
Was hat mich bisher daran gehindert, diesen Wunsch zu erfüllen?
Was wäre der erste Schritt?
Halte ich diesen ersten Schritt aktuell für realistisch?

Ich komme später im Lexikon noch einmal auf diese Werte zurück.

Was bist Du Dir wert?

Der eigene Wert – ist er messbar? Und wenn ja, von wem?

Niemandem steht es zu, über Ihren Wert zu urteilen. Niemandem, außer Ihrer eigenen Person!

Doch woran wollen wir unseren eigenen Wert messen? An unseren Stärken? An unseren sozialen Kontakten? Daran, ob wir Familie haben oder nicht? An unserem Kontostand? Sie merken schon, wie absurd das ist.

Ein Wert entsteht durch Sinn. Unser Leben, Denken und Fühlen sollte Sinn-voll sein.

Haben Sie ein „Wozu?" in Ihrem Leben? Warum machen Sie das, was Sie gerade tun? Welchen Sinn sehen Sie in Ihrer Tätigkeit, in Ihrem Sein? Was motiviert Sie? Was lenkt Sie? Woran denken Sie so im Laufe Ihres Tages?

Sinn kombiniert mit unseren Stärken – dann entsteht ein gutes Selbstwertgefühl fast schon automatisch. Aber wir brauchen auch Mut und Klarheit. Klarheit über das, was wir sind, was uns ausmacht und was wir wirklich wollen. Mut, um Entscheidungen zu treffen und unseren Weg zu gehen.

Wenn wir unseren Weg gefunden haben und erfüllt sind von dem, was wir tun, dann ist Geld nicht mehr so wichtig.

Doch nicht immer können wir sofort alles umstellen und verändern. Es braucht manchmal Zeit, manchmal Geld und manchmal auch beides. Wenn beides aktuell nicht vorhanden ist, dann ist es umso wichtiger, Schritt für Schritt vorzugehen.

Die Facetten des Selbstwertgefühls sind umfangreich und vielseitig. Ich habe Ihnen im Folgenden ein „Selbstwert-Lexikon" zusammengestellt.

Hier finden Sie viele Begriffe zum Thema Selbstwertgefühl inklusive diverser Übungen. Stöbern Sie, lesen Sie hinein, bleiben Sie an Ihnen wichtigen Begriffen „hängen", entnehmen Sie dem Lexikon das für Sie Wichtige, praktizieren Sie die Übungen, die Ihnen zusagen und guttun. Verfahren Sie mit dem Lexikon, wie es Ihnen am besten hilft.

Beginnen Sie die Reise zu Ihrem Selbst – weil Sie es sich wert sind.

Manchmal müssen wir Umwege gehen, manchmal liegen Hindernisse im Weg. Doch Sie werden an Ihr Ziel kommen.

Finden Sie Ihre Stärken und lassen Sie Ihr Licht – wie bei einem Leuchtturm – von innen heraus leuchten.

Am Ende kommen Sie bei sich an – SELBSTWERTVOLL!

Teil 2:
Das Selbstwert-
Lexikon von A bis Z,
mit Übungen

Achtsamkeit

Wie sehr achten Sie auf sich selbst? Achtsamkeit hat nicht nur mit Selbstwert, sondern auch mit dem Thema „Selbstliebe" zu tun (siehe auch → *Selbstliebe*). Je achtsamer Sie mit sich selbst umgehen, desto mehr können Sie sich auch Ihrer eigenen Stärken und Ihres eigenen Wertes bewusst werden.

Wie viele Menschen kennen Sie, die tagtäglich durch das Leben rennen, hetzen und nie Zeit haben? Unsere heutige Welt ist extrem beschleunigt, dank Smartphones, Tablets etc., und es ist schier unmöglich, sich dem zu entziehen. Jeder kann (und muss) sich ständig und überall mit der ganzen Welt verbinden. Wir haben eine Informationsflut, wie sie nie zuvor da gewesen ist. Wir können nahezu alle Informationen, die wir benötigen, jederzeit aus dem Netz ziehen.

In diesem Strudel vergessen viele Menschen immer mehr sich selbst. Viele Menschen spüren sich im wahrsten Sinne des Wortes kaum noch. Wann haben Sie sich das letzte Mal Zeit genommen und ganz bewusst auf Ihren Atem geachtet? Wie fühlt sich im jetzigen Moment Ihr Körper an – Ihre Füße, Ihre Beine, Ihre Hüfte, Ihr Po, Ihr Rücken, Ihr Hals, Ihre Arme, Ihre Hände, Ihre Kopfhaut etc.? Der Weg über ein besseres Selbstwertgefühl geht über das Spüren des eigenen Körpers, über das Bewusstwerden der eigenen Werte, des eigenen Könnens etc.

Viele Menschen suchen über die neuen Medien Bestätigung für sich selbst. Bestätigung durch andere stärkt das Selbstwertgefühl – allerdings nur von außen. Da werden zunächst „Freunde" auf Facebook gefunden, anschließend werden Bilder gepostet und Likes gesammelt. Da kann schon einmal das Gefühl aufkommen, dass derjenige, der besonders viele „Freunde" in den sozialen Netzwerken und besonders viele Likes für Fotos, Beiträge etc. erhält, auch ein besonders beliebter Mensch ist. Bei dem einen oder anderen artet es schon fast in eine Sucht nach Anerkennung über „Likes" aus. Grundsätzlich ist es auch nicht schlimm, Bestätigung über die sozialen Netzwerke zu erhalten. Gefährlich wird es nur, wenn das Selbstwertgefühl darauf aufgebaut ist. Denn bleibt die Bestätigung aus, sinkt das Selbstwertgefühl, wird ihm quasi „der Boden entzogen".

Durch Achtsamkeit für sich selbst und durch achtsames Erkennen und Annehmen der eigenen Fähigkeiten und Talente wird das Selbstwertgefühl von innen heraus steigen.

Übung:
Nehmen Sie sich täglich 5 Minuten Zeit für Achtsamkeit – und zwar Achtsamkeit für sich selbst. Schließen Sie dann die Augen und fühlen Sie in Ihren Körper hinein. Wie geht es Ihnen gerade? Welche Körperteile spüren Sie ganz besonders?

Atmen Sie tief in den Bauch ein und aus. Stellen Sie sich dabei die Frage: Was macht mich heute zu einem besonderen Menschen? Worauf darf und kann ich heute besonders stolz sein?

Akzeptanz

Wie gut können Sie Dinge, Verhaltensweisen, Situationen etc. akzeptieren? Hand auf's Herz: Wie oft beschweren Sie sich? Wie ist Ihre Sicht auf die Dinge?

Kennen Sie Sätze wie: Das Wetter ist mal wieder zu schlecht, zu heiß, zu kalt etc., Person xy hat bessere Chancen und Möglichkeiten als ich ..., Wenn ich dieses oder jenes hätte (Zeit, Geld, Wissen, ...), dann könnte ich ..., Wenn meine Eltern nicht dieses oder jenes getan oder gelassen hätten ..., Wenn mein Chef nicht immer ..., Ich habe immer nur Pech ..., Allen anderen geht es besser ..., Alle anderen können etwas besser ..., Wenn ich nicht mit diesem oder jenem Defizit geboren worden wäre ...

Raus aus dem Jammertal! Dinge sind nun mal oft so, wie sie sind! Wenn ich etwas verändern möchte, dann muss ich mit dem ersten Schritt anfangen – getreu nach dem Motto: Wie komme ich auf den Mont Everest? Schritt für Schritt!

„Es ist noch kein Meister vom Himmel gefallen" – wie oft haben Sie diesen Satz schon gehört? Aber beherzigen Sie ihn auch? Erfolg ist das, was er-folgt. Es ist also die Folge von Handlungen. Bevor ich jedoch anfange zu handeln und mich zu entwickeln, ist es erforderlich, manche Dinge zu akzeptieren. Um zu akzeptieren, müssen Dinge erst einmal bewusst werden.

Bevor Sie jammern, reflektieren Sie: Wie ist meine jetzige Situation? Bin ich mit der Situation zufrieden? Wenn nein, was kann ich verändern? Wenn ich nichts verändern kann (oder möchte), dann sollte ich die Situation so akzeptieren, wie sie ist, und mir ganz bewusst die positiven Seiten der Situation anschauen.

Beispiel: Wenn Sie unzufrieden mit Ihrer Arbeit sind und sich selbstständig machen wollen, dann fangen Sie an, die entsprechenden Schritte zu gehen – Schritt für Schritt. Wenn Sie jedoch das Gefühl haben, das sei zu risikoreich, weil Sie beispielsweise eine Familie ernähren müssen oder einen großen Kredit abzubezahlen haben, dann sollten Sie umdenken. Als Erstes treffen Sie eine Entscheidung: Selbstständigkeit ja oder nein. Wenn Sie sich (im derzeitigen Moment) gegen die Selbstständigkeit entscheiden, dann treffen Sie diese Entscheidung auch mit vollem Herzen. In diesem Moment ist es immens wichtig, dass Sie in die Akzeptanz gehen und sich bewusst machen, was Ihr derzeitiger Job für Vorteile hat!

Unglücklich werden Sie, wenn Sie im Inneren Ihres Herzens nicht zu Ihrer Entscheidung stehen. Ewiges Unzufriedensein macht auf Dauer traurig, krank und depressiv. Wenn Sie eine Entscheidung gegen etwas treffen, dann treffen Sie automatisch auch eine Entscheidung für etwas. Wenn Sie sich für etwas entschieden haben, dann sollten Sie dieses auch so weit wie möglich akzeptieren. Wenn ich beim Beispiel „Unzufriedenheit am Arbeitsplatz" bleibe, könnte eine Alternative auch der Wechsel des Arbeitsplatzes sein. Wenn auch dieses nicht möglich sein sollte –

aus welchen Gründen auch immer –, dann bleibt nur die Akzeptanz. Machen Sie sich hierfür eine Liste der positiven Dinge, die Ihr jetziger Arbeitsplatz (oder die jetzige sonstige Situation) bietet, und der möglichen Dinge, an der jetzigen Position etwas zu ändern.

Lenken Sie Ihren Fokus auf die Dinge, die gut sind, nicht auf die Dinge, die Ihnen nicht gefallen.

Ähnlich ist es mit den eigenen Eigenschaften, Stärken und Schwächen. Nicht jeder kann Top-Manager, Top-Sportler oder Top-Model sein. Manche Dinge können Sie nicht ändern. Wenn Sie z.B. eine bestimmte Körpergröße haben, dann lässt sich daran nun mal nichts verändern. Wenn Sie Marathon-Läufer werden möchten, jedoch ein kaputtes Knie haben, dann sollten Sie sich Alternativen suchen. Der Vergleich mit anderen und ewiges Jammern, weil man etwas nicht machen oder haben kann, machen unglücklich.

Akzeptanz geht über das Verändern von Gedankenprozessen und über das Verändern der Sicht auf die Dinge. Hierzu möchte ich Ihnen zwei schöne Zitate mit auf den Weg geben, eines davon ist Ihnen schon im ersten Teil des Buches begegnet:

„Ändere die Situation oder Deine Einstellung dazu!" (Urheber unbekannt) Oder auch: „Love it, leave it or change it!" (englische Lebensweisheit)

Bei beiden Zitaten geht es darum, Dinge zu verändern oder zu akzeptieren.

Glück und Zufriedenheit fängt mit den richtigen Gedanken an.

Akzeptanz ist die erste Stufe. Veränderung kann dann anfangen, wenn ich zunächst meine derzeitige Situation, meine Eigenschaften, meine Stärken und meine Schwächen akzeptiert und angenommen habe. Akzeptanz bedeutet keinesfalls RESIGNATION! Akzeptanz ist der Anfang.

Nach der Akzeptanz kann ich Veränderungsprozesse beginnen – aufbauend auf meiner persönlichen Situation, meinen Eigenschaften und meinen Verhaltensweisen. In der Akzeptanz kann ich anfangen, meine wirklichen Stärken und Talente zu entdecken.

Übung:
Gibt es Dinge, Eigenschaften, Verhaltensweisen, Situationen etc. in Ihrem Leben, über die Sie sich beschweren, mit denen Sie unzufrieden sind?

Nehmen Sie sich zunächst eine dieser Situationen oder Eigenschaften vor und überlegen Sie sich, ob und wie Sie etwas verändern können und wollen.

Was ist das Gute an dieser Situation/Eigenschaft? Schreiben Sie ganz bewusst die positiven Dinge auf und genießen Sie das Gefühl, dass jede Medaille zwei Seiten hat. Betrachten Sie zunächst nur die gute Seite der Medaille.

Wie Sie Veränderungsprozesse weiter ausbauen können, erfahren Sie unter → *Stärken*, → *Schwächen* und → *Defizite*.

Ängste

Ängste blockieren und behindern uns. Sie halten uns davon ab, Dinge zu tun oder zu lassen, die uns weiterbringen würden. Ängste haben oft etwas mit mangelndem Vertrauen in uns und unsere Fähigkeiten zu tun. Ängste können vielschichtig sein. Ängste sind jedoch nicht per se schlecht! Ängste sind manchmal überlebenswichtig!

Wenn Sie zum Beispiel im Hamburger Hafen am Elbufer stehen und das Gefühl haben, Sie könnten einmal ins Wasser springen und auf die andere Seite der Elbe schwimmen, dann ist das sicherlich keine so gute Idee! Strömungen und Schiffsverkehr machen das Durchschwimmen der Elbe selbst für Schwimmprofis gefährlich! Da ist eine gute Portion Angst vor der Gefahr angebracht. Auch das unbeaufsichtigte Spielenlassen eines 3-jährigen Kindes neben einer Hauptverkehrsstraße ist nicht unbedingt förderlich für die Gesundheit dieses Kindes. Da sind Ängste um das Kind absolut berechtigt.

Beispiele für berechtigte Ängste gibt es viele – insbesondere, wenn es um echte, reale Risiken und Gefahren für das Leben und die Gesundheit geht. Aber viele Ängste sind überflüssig – wenn auch so manches Mal nicht unberechtigt.

Doch welches sind reale Ängste? Verstehen Sie mich nicht falsch! Natürlich ist jede Angst im Gefühl real! Sonst würden Sie keine Angst empfinden. Mit „real" meine ich: Wie groß ist die Wahrscheinlichkeit, dass die gefühlten Ängste tatsächlich eintreffen? Und wie gefährlich ist das dann wirklich für Sie? Ist es existenzbedrohend? Ist es ein Risiko für Ihre Gesundheit oder Ihr Leben?

Ist es nicht oft so, dass uns eher die Vorstellung von den Dingen Angst macht als die Situation selbst?

Also noch einmal die Frage: Wie wahrscheinlich ist das Eintreten der Situation oder der Dinge, die Ihnen Angst machen? Und was wäre, wenn die befürchteten Dinge, Situationen wirklich einträfen? Wie schlimm wäre das wirklich? Gäbe es Lösungsansätze, um diese Situation zu bewältigen?

Die eine oder andere Grundangst kennt nahezu jeder – manch einer mehr, der andere weniger. Hierzu gehören zum Beispiel die Angst vor sozialer Ausgegrenztheit, Angst vor dem Alleinsein, Angst davor, nicht dazuzugehören, Angst vor dem Versagen, Angst, nicht genug zu haben (zum Beispiel Geld), Angst vor Veränderung, Angst vor Stillstand, Angst vor Verlust der Individualität, Verlustängste (Angst vor Verlust eines geliebten Menschen, Angst vor Verlust des Arbeitsplatzes etc.), Angst davor, sich zu blamieren, Angst, abgelehnt zu werden, Angst, nicht gut genug zu sein, ... Die Liste ließe sich noch unendlich weiter fortführen.

Gerade Ängste wie „nicht gut genug sein", „zu versagen", „nicht dazuzugehören" etc. sind häufig ein Zeichen eines mangelnden Selbstwertgefühls. Menschen mit einem gesunden Selbstwertgefühl haben keine Angst davor, von anderen abgelehnt zu werden, nicht gut genug zu sein etc. Selbst, wenn es tatsächlich mal nicht gereicht hat (sie also tatsächlich „nicht gut genug" waren), dann ist die Grundeinstellung von selbstbewussten Menschen eher: „Jetzt erst recht" oder „Beim nächsten Mal wird es schon klappen", alternativ „Wenn es nicht funktioniert, dann mache ich halt etwas anderes".

Menschen mit einem gesunden Selbstwertgefühl vertrauen (siehe auch → *Vertrauen*) darauf, dass sich die Dinge schon in ihrem Sinne regeln, dass sie gut genug sind, dass sie gemocht werden.

Übung:
Fühlen Sie jetzt einmal in sich hinein: Wovor haben Sie Angst? Gibt es Ängste, die Sie immer wieder erleben? Wie stark ist die Angst auf einer Skala von 1 bis 10 wirklich?

Nun stellen Sie sich vor, die befürchtete Situation tritt wirklich ein. Wie schlimm ist das tatsächlich? Welches sind Lösungsmöglichkeiten? Wie gehen Sie mit dieser Situation jetzt um? Welche Alternativen haben Sie?

Je mehr Sie das „Was wäre wenn" gedanklich durchspielen, umso mehr nehmen Sie Ihren Ängsten die Macht.

Was wäre denn, wenn Sie morgen kein Geld mehr hätten? Wo könnten Sie Essen, Trinken etc. herbekommen? Wo würden Sie wohnen? Was wäre, wenn Sie bei einer wichtigen beruflichen Herausforderung „versagen" würden? Wie ginge es dann weiter? Wäre es wirklich so schlimm oder gäbe es dann Alternativen? Wären diese Alternativen vielleicht sogar die bessere Variante, weil Sie ohnehin gerade gar nicht so glücklich sind in Ihrem beruflichen Umfeld?

Ängste verraten viel über uns und unsere Wünsche – zumindest, wenn wir uns trauen, sie anzuschauen und uns ihnen stellen.

Sortieren Sie Ihre Ängste mal nach Wahrscheinlichkeiten. Manche Ängste haben durchaus reale Grundlagen (Sie wissen um eine reelle Gefahr, es ist spiegelglatt draußen und Ihre betagte Mutter ist zu Fuß unterwegs und könnte stürzen), andere nicht (Ihr Kind wird *nicht* von Außerirdischen entführt). Gehen Sie in sich, ob Ihre Angst wirklich „Hand und

Fuß" hat. Wenn sie das hat, überlegen Sie, welche Folgen das tatsächliche Eintreten der „Angst-Situation" haben kann.

Die Angst, dass ein Kind sich beim Spielen verletzt, ist durchaus berechtigt. Kinder sind ungestüm. Dass Eltern sich deshalb um ihre Kinder Sorgen machen, ist normal (und auch gut so!), aber möchte ich mein Kind aus der Gefahr einer möglichen Verletzung heraus zu Hause einsperren? Das wäre keine Lösung. Welche Alternativen gibt es? Und selbst wenn sich mein Kind verletzt – dann muss es ja nicht gleich etwas Schlimmes sein, und wahrscheinlich hat es dadurch gelernt, in Zukunft vorsichtiger zu sein.

Ängste können ein Indikator für mangelndes Selbstwertgefühl sein. Hier noch ein Beispiel aus dem beruflichen Kontext: Sie bereiten eine Präsentation für Ihre Kollegen vor. Sie sollen diese auch vor der Gruppe präsentieren. Sie empfinden Angst davor, zu versagen. Das kann zwei Ursachen haben: Entweder sind Sie schlecht vorbereitet und wissen tatsächlich nicht genug: Dann ist die Angst berechtigt (also „real") und nur zu überwinden, indem Sie sich besser vorbereiten. Wenn Sie sich jedoch optimal vorbereitet haben und dennoch Angst davor haben, es sei nicht genug und Sie könnten versagen, dann hat es etwas mit mangelndem Selbstwertgefühl zu tun.

In solchen Fällen schreiben Sie sich einmal auf, in welchen (ähnlichen) Situationen Sie erfolgreich waren und eine solche Aufgabe gut gemeistert haben. Werden Sie sich Ihres Könnens bewusst.

Also: Schauen Sie Ihre Ängste an! Nehmen Sie ihnen den Schrecken. Überlegen Sie: Woher kommen sie? Wie berechtigt sind sie und was wären mögliche Lösungen, wenn die befürchtete Situation tatsächlich eintritt?

Annehmen

Was ist überhaupt „annehmen"? Annehmen zu können ist eine Kunst und für viele Menschen eine der schwierigeren Aufgaben. Annehmen zu können ist oft ein Spiegel des eigenen Selbstwertgefühls.

Annehmen kann man ein Kompliment, ein Geschenk, eine Urkunde, eine Ehrung oder Sonstiges. Annehmen kann aber auch heißen: sich selbst annehmen mit allen Stärken und Schwächen. Vor allem das Annehmen der eigenen Schwächen fällt vielen Menschen schwer.

Annehmen kann man auch Situationen.

Doch warum fällt annehmen so schwer? Fakt ist: Wenn wir uns selbst annehmen und uns so akzeptieren, wie wir sind, dann können wir auch alles andere (Materielles, Immaterielles, Situationen, Eigenschaften, (vermeintliche) Defizite, Stärken und Schwächen etc.) annehmen. Manchmal müssen wir Dinge erst annehmen, damit sie gehen oder in unser Leben integriert werden können.

Übung:
Wie leicht oder schwer fällt es Ihnen, Komplimente, Situationen oder sich selbst anzunehmen – mit allen Stärken und Schwächen?
Um dieses zu reflektieren, möchte ich Ihnen ein paar Fragen stellen. Bitte beantworten Sie diese Fragen ganz ehrlich einmal für sich:

- Sie bekommen von Ihrem Chef ein Lob unter vier Augen. Wie reagieren Sie?
- Sie bekommen von Ihrem Chef ein Lob vor Kollegen, Kunden etc. Wie reagieren Sie?
- Sie bekommen ein Kompliment von einer Person, die Ihnen persönlich nicht wichtig ist und die keine Bedeutung für Sie hat. Wie reagieren Sie?
- Sie bekommen ein Kompliment aus dem Familienkreis. Spielen Sie es gedanklich gerne mit den Ihnen näherstehenden Personen und mit Personen durch, die Ihnen nicht so nahestehen. Wie reagieren Sie jeweils?

- Sie bekommen ein Kompliment aus dem Freundes- oder Bekanntenkreis. Auch hier können Sie gedanklich mal die Personen durchgehen, die Ihnen besonders wichtig sind, und diejenigen, die Ihnen vielleicht nicht so viel bedeuten. Wie reagieren Sie jeweils?
- Von welchen sonstigen Personen könnten Sie Komplimente erhalten? Wie nahe stehen Ihnen diese Personen und wie reagieren Sie jeweils?

Diese Übung dient der Reflexion. Eine Verhaltensveränderung kann nur funktionieren, wenn ich mir zunächst meiner Verhaltensweisen bewusst werde.

Können Sie Lob annehmen? Relativieren Sie erhaltenes Lob – z.B. abwehrend mit „Ach, ist doch selbstverständlich" oder: „So toll ist das doch auch nicht" oder Ähnlichem? Freuen Sie sich, aber trauen sich nicht, das zu zeigen – vielleicht aus falscher Bescheidenheit heraus? Sind Sie verunsichert und wissen nicht, wie Sie reagieren sollen? Oder sagen Sie einfach „Danke" und zeigen Ihre Freude über das Kompliment?

Menschen mit einem gesunden Selbstwertgefühl können ihre Freude über ein Kompliment offen zeigen und mit einem einfachen „Danke" reagieren. Wenn Sie dies noch nicht können, sind die ersten Schritte, Komplimente als solche stehen zu lassen und nicht zu relativieren. Üben Sie, einfach nur „Danke" zu sagen.

Mit ein bisschen Übung schaffen Sie es irgendwann, Komplimente nicht nur anzunehmen, sondern vielleicht sogar sinngemäß zu reagieren, z.B. mit: „Danke! Ja, ich habe konsequent/ hart/ kontinuierlich/ etc. an dem Thema gearbeitet, damit es heute so ist, wie es ist." Denn nichts kommt von ungefähr, und wenn Sie ein Kompliment erhalten, haben Sie im Vorfeld irgendetwas richtig gemacht – zumindest, wenn es ein ernst gemeintes Kompliment ist.

Je unwichtiger uns Menschen sind, desto leichter fällt es häufig, Komplimente anzunehmen. Üben Sie also zunächst mit den Ihnen weniger wichtigen Personen – das geht leichter.
Die gleiche Übung könnten Sie nun für das Thema „Annahme von Ge-

schenken" machen. Vielleicht stellen Sie fest, dass sich hier ähnliche Verhaltensstrukturen aufzeigen.

Annehmen bedeutet auch das Annehmen von Situationen, von eigenen Verhaltensweisen, den eigenen Stärken und Schwächen, (vermeintlichen) Defiziten etc. Bevor ich jedoch Situationen, Verhaltensweisen etc. annehmen und in mein Leben integrieren kann, ist es erforderlich, in die Akzeptanz zu gehen (siehe → *Akzeptanz* und → *Defizite*).

Befürchtung

Als Befürchtung wird die Erwartung einer unangenehmen Sache oder Situation bezeichnet. Während die Befürchtung eine Vorahnung ist, ist die Furcht das konkrete Gefühl einer Bedrohung.

Was unterscheidet nun die Befürchtung von einer Angst (siehe auch → *Angst*)? Die Angst ist diffuser, abstrakter. Bei einer Angst ist nicht unbedingt klar, woher sie kommt. Natürlich gibt es auch reale Ängste, aber häufig sind Ängste nicht rational begründbar. Die Abgrenzung von Befürchtung und Angst ist manchmal schwierig. Als Beispiel hierfür könnte man folgende Situation nennen:

Mal angenommen, Sie wollen etwas einer Gruppe präsentieren und Sie haben Angst zu versagen oder schlichtweg nicht gut genug zu sein, nicht gut anzukommen etc. Dann kann es eine diffuse Angst sein, zum Beispiel, wenn Sie im Grunde Ihres Herzens wissen, dass Sie gut sind oder sich entsprechend gut vorbereitet haben. Die Angst davor, es nicht optimal hinzubekommen, ist auch ein Stück weit normal. Eine Befürchtung ist da sehr viel konkreter. Wenn Sie sich beispielsweise nicht gut genug vorbereitet haben oder schon Erfahrungen gemacht haben, dass Sie abgelehnt worden sind, dann gibt es auch einen echten Grund der Befürchtung. Hier hilft nur: besser vorbereiten oder üben, üben, üben. (vgl. → *Angst*)

Doch wie geht man nun mit einer Befürchtung um?

Zunächst einmal fragen Sie sich, wie groß die Wahrscheinlichkeit ist, dass Ihre Befürchtung auch tatsächlich eintritt. Wenn die Wahrscheinlichkeit hoch ist, dann stellt sich die Frage: Was können Sie tun? Absagen? Sich besser vorbereiten? Üben?

Wenn Ihre Befürchtung jedoch mit mangelndem Selbstwertgefühl zu tun hat, dann sollten Sie die gleichen Übungen machen wie bereits im Abschnitt „Angst" beschrieben.

Übung:
Schreiben Sie sich konkret Ihre Stärken auf. Was können Sie besonders gut? Was mögen andere Menschen an Ihnen? Was würden Freunde, Familie oder Arbeitskollegen sagen, wenn Sie sie nach Ihren Stärken fragen? Wenn Ihnen hierzu nichts einfällt, dann fragen Sie nahestehende Personen doch einmal, was sie an Ihnen schätzen, und schreiben Sie sich das auf! Machen Sie sich bewusst, dass Sie genau richtig sind, so wie Sie sind. Dinge, die noch nicht so gut klappen, sollten Sie als Lernaufgaben sehen. Wie gehen Sie beim nächsten Mal anders mit Situationen um, die für Sie schwierig oder herausfordernd waren?

Das Stärken des Selbstwertgefühls geht über das Bewusstsein über die eigenen Stärken.

Schreiben Sie sich täglich drei Stärken auf, die Sie auszeichnen!

Berg

Entwicklung kommt uns manchmal vor wie ein großer, teilweise unüberwindbarer Berg. Kennen Sie das Gefühl, dass Sie manchmal denken, Sie müssten an zu vielen Fronten gleichzeitig „kämpfen"? Dass „Ihr" Berg steil und mühsam ist? Das lose Geröll auf dem Bergweg lässt Sie ins Rutschen und manchmal sogar ins Abrutschen geraten? Und wenn Sie ins Rutschen geraten, wo finden Sie Halt?

Wenn wir am Fuße eines steilen Berges stehen, dann kommt uns dieser Berg so manches Mal unbezwingbar vor. Wir haben mitunter sogar Angst, den Weg überhaupt zu beginnen, weil der Weg zum Gipfel so steil ist. Aber wenn wir dann doch anfangen, diesen Weg zu gehen, und wenn wir dann sogar irgendwann oben angekommen sind – welches Gefühl haben wir dann, oben auf dem Berg stehend und nach unten schauend? Das ist dann ein fantastisches Gefühl!

Was hat das Ganze jetzt mit dem Thema Selbstwert zu tun?

Zunächst einmal ist es wichtig, Ziele in seinem Leben zu haben. Nur wer ein Ziel hat, kann dieses auch erreichen (siehe → *Ziele*). Meistens werden Ziele zukunftsgerichtet ausgesprochen, so nach dem Motto: „In einem Jahr möchte ich dieses oder jenes erreicht haben!" Sehr oft passiert dann Folgendes: Da schießen dann aber gleich Sätze durch unseren Kopf wie „Vergiss es, das kannst du nicht", „Dafür hast du nicht genug Wissen / Geld / etc.", „Dafür fehlen dir die richtigen Kontakte", „Keine Zeit ..." usw. usw. Ich nenne diese Sätze unsere „Verhinderer" oder „Boykottierer". Es gibt genug Gründe, warum man etwas nicht erreichen kann. Das ist aber nicht zielführend!

Versuchen Sie es mal mit einem etwas anderen Gedankenspiel:

Gehen Sie gedanklich in eine Zeit in der Zukunft (zum Beispiel an einen Tag genau in einem Jahr). Nun stellen Sie sich vor, Sie hätten Ihr Ziel bereits erreicht und Sie schauen auf heute zurück. Was genau haben Sie getan, um das Ziel zu erreichen? Was waren die ersten Schritte und wie ging es dann weiter? Sie tricksen Ihr Gehirn mit einer solchen Vorgehensweise aus, denn plötzlich denken Sie nicht mehr in Problemen, sondern in Lösungen – denn Sie haben Ihr Ziel ja bereits erreicht.

Beispiel: Sie möchten in einem Jahr etwas Bestimmtes erreicht haben. Wenn Sie dieses Ziel gedanklich schon erreicht haben, dann überlegen Sie, wie die ersten Schritte waren. Wenn beispielsweise die Finanzierung eines Projektes das Problem darstellt, dann denken Sie plötzlich nicht mehr in dem Problem „Geld", sondern wie Sie bei der Lösungssuche, dieses Geld erhalten zu können, Ihrem Ziel einen Schritt näher kommen.

Das Gleiche gilt für das Thema „Zeit": Sie denken in Lösungen, wie Sie sich die Zeit für Ihr Projekt „freischaufeln" bzw. freigeschaufelt haben (denn Sie sind ja gedanklich schon am Ziel angekommen).

Wenn Ihnen Wissen fehlt, dann können Sie konkret darauf schauen, wie Sie sich das fehlende Wissen angeeignet haben.

Betrachten Sie den Berg von oben nach unten! Sehen Sie sich an der Ziellinie und blicken Sie zurück auf Ihren Weg dorthin. Damit verwandeln Sie Ihre „Hindernisse" in Motivation und nicht in Ausreden! Gleichzeitig ist es ein Realitäts-Check, denn nicht jedes Ziel ist innerhalb kürzester Zeit für jeden erreichbar. Manchmal ist der Weg etwas steiniger und etwas länger – aber er ist schaffbar, wenn es sich um Herzensziele handelt.

Betrachtung

Zunächst einmal ist eine Betrachtung ein Wahrnehmen „von außen". Ich kann mir Dinge ansehen, sie betrachten. Ein Betrachten der Dinge sollte optimalerweise wertneutral, das heißt, ohne eigene Bewertungen und Beurteilungen erfolgen.

In den meisten Fällen betrachten wir jedoch Dinge und Situationen durch unsere eigene Erlebnisbrille. Das, was wir denken, und das, was wir in der Vergangenheit erlebt haben, führt unreflektiert zunächst einmal in eine bewertende und urteilende Betrachtungsweise (siehe Stichwort → *Bewertung*). Die Position des neutralen Betrachters einzunehmen hilft jedoch in vielen Fällen, ein Umdenken einzuleiten. Sind die

Dinge wirklich immer so, wie wir es empfinden (hierzu ebenfalls mehr unter → *Bewertung*)? Leider ist es nicht immer so einfach, eine neutrale Position einzunehmen, insbesondere, wenn Emotionen und Gefühle im Spiel sind.

In welchen Situationen empfinden Sie Selbstzweifel? In welchen Situationen fühlen Sie sich nicht gut genug?

Übung:
Schreiben Sie sich innerhalb der nächsten Woche täglich eine Situation auf, in der Sie sich unsicher oder nicht gut genug gefühlt haben. Alternativ schreiben Sie sich Situationen auf, wo sich regelmäßig Selbstzweifel zeigen.

Legen Sie den Zettel mit dieser Situation vor sich auf den Boden und gehen Sie gedanklich in die Position eines unbeteiligten Dritten (man nennt das auch die „Meta-Position" – aus dieser Position heraus wird neutral auf eine Situation geschaut). Was würde dieser unbeteiligte Dritte zu der Situation sagen? Wie würde diese Person das empfinden? Welche besonderen Stärken sieht diese Person an Ihnen? Würde diese Person Ihre Zweifel und Unsicherheit bestätigen oder würde diese Person es gegebenenfalls nicht einmal bemerken? Falls diese dritte Person bestimmte Dinge bestätigen würde, was könnten Sie tun, um das zu ändern?
Im Optimalfall stellen Sie jedoch fest, dass Ihre Ängste, Zweifel und/oder Unsicherheiten nur in Ihnen selbst vorhanden sind und im Außen gar nicht in Erscheinung treten.

Beurteilung

Wie beurteilen Sie sich selbst und Ihre Leistung? Ist Ihr Urteil eher positiv oder sind Sie selbst Ihr schlimmster Kritiker? Für das Thema Selbstwert hat Bewertung und Beurteilung eine ähnliche Bedeutung. Lesen Sie deshalb zum Thema „Beurteilung" bitte zunächst den Eintrag unter → *Bewertung*. Ziel sollte es sein, dass Sie sich selbst positiv beurteilen. Übungen hierzu: siehe ebenfalls → *Bewertung*.

Bewertung

Wir Menschen sind in einem ständigen Bewertungsprozess. Das, was wir erleben, gleichen wir mit dem ab, was wir schon einmal in der Vergangenheit erlebt, gehört, gesehen oder gelesen haben. Auch Glaubenssätze spielen hier eine große Rolle. Was denke und fühle ich in dieser Welt? Wie sehe ich die Welt? Was hat mich geprägt?

Bewerten und Beurteilen hängen sehr eng miteinander zusammen, deswegen möchte ich beides unter dem gleichen Stichwort zusammenfassen. Wenn ich etwas be-werte, dann gebe ich dieser Sache oder dieser Situation einen Wert. Die Abgrenzung zu finden ist nicht immer ganz leicht. Be-urteilen ist noch eine Stufe mehr – denn ich urteile auch über diese Situation oder die Sache, gebe also ein Urteil ab.

Was hat das Ganze mit dem Thema Selbstwert zu tun?

Wir bewerten nicht nur Dinge im Außen, sondern wir sind in einem ewigen Bewertungsprozess mit uns selbst. Die Bandbreite ist groß. So gibt es Menschen, die sich ständig selbst nur „niedermachen" und ewig unzufrieden sind mit sich und ihrer Leistung. Und es gibt das andere Extrem – Menschen, die so sehr von sich überzeugt sind, dass auch konstruktives Feedback von anderen sie nicht erreicht.

Eine ausgewogene Mischung ist hilfreich – um auf der einen Seite nach und nach ein gesundes Selbstwertgefühl zu entwickeln und auf der anderen Seite noch entwicklungsfähig zu bleiben. Denn Menschen mit einem übersteigerten Selbstwertgefühl sind häufig „beratungsresistent", weil sie sich selbst schon als perfekt empfinden. Spannend bleibt natürlich, was passiert, wenn wir bei diesen Menschen mal hinter die Fassade schauen. Denn häufig sind Menschen mit einem – nach außen hin – übersteigerten Selbstwertgefühl diejenigen, die „innen drin" sehr viele Zweifel haben.

Zunächst einmal sollten Sie sich bewusst werden, was Sie in bestimmten Situationen über sich selbst denken. Wie bewerten / beurteilen Sie Ihre eigenen Leistungen (beruflich, privat etc.)? Gibt es da eine Stimme, die ständig flüstert: „Streng dich an, das reicht noch nicht, da hätte ich mehr erwartet" etc.? Stellen Sie sich einmal die Frage: Hat diese Stimme wirklich recht? Oder gibt es in Ihnen drin vielleicht noch einen anderen Anteil, der im Prinzip ganz zufrieden ist, jedoch nur nicht zu Wort kommt? Falls die Stimme recht haben sollte, wer ist Ihr innerer Boykottierer? Warum bringen Sie nicht die Leistung, die Sie gerne bringen möchten? Was hält Sie genau davon ab – ist es die fehlende Kraft, die fehlende Motivation, eine große Müdigkeit/Erschöpfung? Falls eines davon zutrifft, sollten Sie primär an diesen Themen arbeiten. Aber mal angenommen, nichts davon trifft zu und Sie leisten schon ausreichend viel und sind dennoch nicht zufrieden? Dann sollten Sie mit dem Um-Denken und Um-Bewerten anfangen. Doch wie kann das gehen?

Übung:

Sie haben bei → *Betrachtung* eine Woche lang Situationen aufgeschrieben, in denen Sie sich unsicher gefühlt haben oder das Gefühl hatten, Sie seien nicht gut genug oder würden nicht genug leisten. Anschließend haben Sie diese Situation durch die Brille eines neutralen Dritten betrachtet.

Nun gehen Sie einen Schritt weiter: Sie geben diesen Situationen eine neue Be-Wertung, das heißt, Sie geben ihnen einen neuen Wert. Welche andere – positive – Betrachtungsweise könnten Sie hier annehmen? Was machen Sie in diesen Situationen besonders gut? Was zeichnet Sie aus?

Ziel ist ein Umdenken in Richtung Stärke und Selbstwertgefühl.

Beispiel: Statt immer nur zu sehen, was Sie an einem Arbeitstag nicht geschafft haben, könnten Sie nun hervorheben, was Sie alles geleistet haben. Schreiben Sie sich alles auf, was Sie so im Laufe des Tages gemacht und geschafft haben, und erlauben Sie sich, stolz auf Ihre Leistung zu sein. Auch wenn Sie gerne mehr erledigt hätten – es ist nicht schlimm, nicht immer alles zu schaffen, denn wir sind und bleiben Menschen. Wir brauchen keine Übermenschen zu sein!

Einen kleinen weiteren Nebeneffekt hat eine solche Vorgehensweise: Wenn Sie sich tatsächlich aufschreiben, was Sie alles so schaffen im Laufe eines Tages, finden Sie automatisch auch die Zeitfresser, die Sie tagtäglich blockieren und Ihre effektive Zeit reduzieren.

Das Um-Bewerten in Richtung Leistung bewirkt eine noch größere Leistungsfähigkeit. Das Konzentrieren auf Dinge, die nicht geklappt haben, blockiert uns gedanklich und emotional. Aus diesem Grund ist eine Veränderung der Betrachtungsweise sinnvoll und stärkt das Selbstwertgefühl mit der Zeit.

Bewusstsein

Im Kontext Selbstwert ist hier natürlich das Selbst-Bewusstsein gemeint: Bin ich mir meiner Stärken, Verhaltensweisen, Eigenschaften, aber auch meiner Schwächen bewusst?

Je bewusster ich verstehe, wer ich bin und was ich kann, umso selbst-bewusster kann ich auftreten. Menschen mit einem schwachen Selbst-Bewusstsein haben die Aufgabe, sich konsequent bewusst zu machen, was sie können und was sie leisten. Viele Menschen machen sich selbst klein und vergleichen sich zu sehr mit anderen (siehe auch → *Vergleich*). Was zeichnet Sie wirklich aus? Was können Sie vielleicht sogar besser als andere?

Übung:
Nehmen Sie sich ein Blatt Papier und erstellen Sie zwei Listen:
Liste 1: Was kann ich besonders gut? Was sind meine positiven Eigenschaften?
Liste 2: Was mag ich selbst an mir derzeit noch nicht so sehr? Gibt es vielleicht sogar Dinge, die ich an mir selbst ablehne?

Anschließend sehen Sie sich bitte Liste 2 unter folgenden Fragestellungen an:
• Ist es wirklich so? Mag ich mich hier tatsächlich nicht oder empfinde ich das nur temporär so?

- Was würden andere sagen, wenn ich ihnen diese Liste zeige?
- Mag ich diesen Punkt an mir nie oder nur nicht in bestimmten Situationen? Wenn ja, welche Situationen sind das?
- Wenn es nur in manchen Situationen so ist, wann ist es anders? Warum ist es in diesen Situationen anders?
- Steckt hinter dieser vermeintlichen Schwäche vielleicht sogar eine übertriebene Stärke?

Die letzte Frage ist etwas erklärungsbedürftig. Nehmen wir zwei einfache Beispiele:
Geiz ist nur die übertriebene Stärke von Sparsamkeit.
Verschwendung ist die übertriebene Stärke von Großzügigkeit.

Oder: Menschen, die extrem sachorientiert sind, finden so manches Mal keinen Zugang zu anderen Menschen und kommen bei personenorientierten Menschen dann als „komischer Kauz, der zum Lachen in den Keller geht" an. Dabei ist die ganz große Stärke hier oft das strukturierte, logische Arbeiten.

Menschen, die sehr kreativ sind, sind häufig auch etwas chaotisch. Das wiederum stößt bei sehr strukturierten Menschen auf Unverständnis und diese reagieren auch schnell mal genervt darauf. Dabei ist das Chaos in diesem Fall nur die übertriebene Stärke von Kreativität.

Viele weitere Beispiele ließen sich hier anführen.

Versuchen Sie, die Stärke und die positiven Eigenschaften in Ihren vermeintlichen Schwächen zu finden. Oberstes Ziel sollte es sein, die Stärken zu stärken und die Schwächen zu schwächen. Werden Sie sich bewusst, was für ein toller und wertvoller Mensch Sie sind. Das sollte Ihnen nicht nur vom Kopf her bewusst werden, sondern auch in Ihr Gefühl übergehen. In das Gefühl kann es jedoch nur übergehen, wenn Sie sich Ihrer Stärken immer und immer wieder bewusst werden.

Charisma

Manche Menschen kommen in einen Raum und der Raum erstrahlt förmlich! Charismatische Menschen wirken auf andere selbstsicher und überzeugend. Charismatischen Menschen vertraut und folgt man gerne. Doch die wenigsten Menschen werden charismatisch geboren! Jeder Mensch kann es aber schaffen, eine charismatische Ausstrahlung zu erhalten.

Um jedoch charismatisch zu wirken, benötigt man ein gesundes Selbstwertgefühl, das Sie nach und nach durch die Übungen in diesem Buch erhalten werden – zumindest, wenn Sie diese Übungen regelmäßig durchführen.

Übung:
Bitte suchen Sie sich Menschen, die Ihrer Meinung nach eine charismatische Ausstrahlung haben. Das können Menschen aus Ihrem Bekanntenkreis sein oder aber Menschen aus den Medien, z.B. Persönlichkeiten aus Politik oder Wirtschaft, Schauspieler, Moderatoren, Tagesschausprecher(innen) etc.

Nun nehmen Sie zunächst eine Person genauer unter die Lupe: Was genau macht – Ihrer Meinung nach – diesen Menschen charismatisch? Welche (scheinbaren) Eigenschaften schätzen Sie ganz besonders an diesem Menschen?

Anschließend vergleichen Sie, welche der gefundenen Eigenschaften etwas mit Ihnen zu tun hat – entweder weil Ihnen diese Eigenschaft fehlt (und Sie sich diese Eigenschaft wünschen) oder weil Sie diese Eigenschaft selbst in sich tragen. Spannenderweise finden wir häufig die Menschen besonders interessant oder sympathisch, die uns irgendwie ähnlich sind.

Bei Eigenschaften, die Ihnen fehlen, hinterfragen Sie jetzt, woran Sie festmachen, dass Ihnen diese Eigenschaft fehlt. Fehlt sie wirklich? Und dann noch einmal: Fehlt sie wirklich? Oder schlummert diese Eigenschaft vielleicht doch in Ihnen, nur nutzen Sie sie bisher noch nicht wirklich?

Bei Eigenschaften, die Sie auch in sich tragen: Schreiben Sie diese Eigenschaften auf! Lesen Sie sich diese List mit den positiven Eigenschaften immer wieder durch. Achten Sie zukünftig in Ihrem Alltag doch einmal darauf, wo Sie diese Eigenschaften jetzt schon einsetzen. Wer weiß, vielleicht empfinden andere Menschen Sie bereits als charismatisch? Manchmal weicht unser eigenes Bild von uns ab von dem Bild, das andere von uns haben …

Dankbarkeit

Für was sind Sie dankbar?

Warum ist Dankbarkeit so wichtig? Dankbarkeit ist eine innere Haltung. Wir ziehen mit unseren Gedanken genau das in unser Leben, worauf wir unseren Fokus legen.

Sie kennen es bestimmt: Sie kaufen sich zum Beispiel ein neues Auto und plötzlich sehen Sie auf der Straße „nur noch" diese Automarke rumfahren. Oder Sie beschäftigen sich vielleicht mit einem neuen Thema oder einem neuen Hobby und plötzlich lernen Sie Menschen kennen, die sich mit genau dem gleichen Thema beschäftigen oder genau das gleiche Hobby ausüben. Sie denken an jemanden, den Sie lange nicht gesehen oder gesprochen haben – und plötzlich, wie von Zauberhand, ruft genau diese Person an.

Bei diesen Phänomenen spricht man auch vom „Gesetz der Anziehung".

Was hat das nun alles mit dem Thema Dankbarkeit zu tun?

Ich formuliere die Frage noch einmal um: Worauf legen Sie gedanklich Ihren Fokus? Auf die Dinge, die gut laufen, oder auf die Dinge, die vielleicht gerade nicht so gut laufen? Je mehr Sie Ihren Fokus auf die Dinge legen, die gerade nicht so gut in Ihrem Leben laufen, desto mehr „Macht" geben Sie diesen Dingen und Gedanken. Gedanken können krank machen und mit Gedanken können Sie sich Dinge in Ihr Leben ziehen.

Aus diesem Grund ist meine Empfehlung, den Blickwinkel auf die Dinge zu richten, für die Sie dankbar sind – und sei es, dass Sie ein Dach über dem Kopf haben, genug Essen und Trinken haben und vielleicht ein gutes soziales Umfeld.

Uns passieren jeden Tag kleinere oder größere Dinge, für die wir dankbar sein können. Beim Buchstaben „E" schauen wir uns noch das Thema → *Erfolge* an. Dort werden Sie unter anderem von mir den Tipp bekommen, kleinere Erfolge aufzuschreiben.

Beim Thema Dankbarkeit geht es mir eher um das Thema → *Achtsamkeit*. Achtsamkeit mit Blick auf die guten Dinge, die uns täglich passieren – das Lächeln eines Menschen auf der Straße, ein nettes Gespräch im Supermarkt, ein Lob vom Vorgesetzten oder Kunden etc.!

Erfolg ist etwas, was durch eine aktive Handlung Ihrerseits erfolgt ist. Auch hier können Sie natürlich dankbar sein, wenn Dinge gut laufen. Wir sollten unseren Fokus jedoch auch auf die Dinge legen, die wir „einfach so" bekommen. Wir können über Aufmerksamkeiten von anderen dankbar sein, über kleine Geschenke, über zuvorkommendes Verhalten von anderen, über das Schnäppchen im Supermarkt – es gibt so unendlich viele Kleinigkeiten tagtäglich, die uns passieren. Wenn wir diesen achtsam und dankbar begegnen, dann trainieren wir uns nach und nach in Richtung positives Denken, das wiederum zu einem besseren Selbstwertgefühl führt.

Ziel ist es, die guten und schönen Dinge im Leben achtsam wahrzunehmen und wertzuschätzen. Und der Weg dahin führt über das Thema Dankbarkeit.

Übung:
Schreiben Sie sich täglich mindestens drei Dinge auf, für die Sie dankbar sind. Das können kleine Begebenheiten des Alltags sein (zum Beispiel das Lächeln eines Kindes) oder auch die größeren Dinge des Lebens. Das ist ganz Ihnen überlassen.

Ziel dieser Übung ist es, Achtsamkeit und Wertschätzung für die schönen Dinge im Leben zu trainieren.

Defizit

Defizit oder Erfolgsfaktor? Welche Betrachtung nehmen Sie? Was ist überhaupt ein Defizit?

Ein Defizit ist ein Mangel, etwas, was fehlt. Im Sprachgebrauch wird es häufig in Verbindung mit Geld verwendet – es fehlt also an Geld. Des Weiteren wird es aber auch bei anderen „Mangelerscheinungen" verwendet, zum Beispiel Nährstoffmangel oder der Mangel an Wissen.

Im Gegensatz zum → *Handicap* kann ein Mangel durchaus behoben werden, die Frage ist nur, wie.

Ich möchte mich im Zusammenhang mit dem Thema Selbstwertgefühl vor allem auf folgende Mängel konzentrieren: Geldmangel, Mangel an Wissen und Mangel an Netzwerk.

In allen drei Fällen kann Abhilfe geschaffen werden.

Geldmangel
Warum ist der Geldmangel da? Welche Möglichkeiten gibt es, an Geld zu kommen? Wofür wird das Geld überhaupt benötigt? So manches Mal

hilft eine konkrete Finanzplanung und auch eine Veränderung der Lebenssituation.

Beispiel eines Selbstständigen: Wenn zu hohe Kosten vorhanden sind (im Vergleich zu den Einnahmen), dann muss entweder etwas an der Einnahmen- oder an der Ausgabenseite gemacht werden. Mal angenommen, es fehlt das Geld für vernünftiges Marketing, um die Einnahmen zu erhöhen, dann führt kein Weg daran vorbei, zunächst einmal die Ausgabenseite zu betrachten und sich ernsthaft die Frage zu stellen, was verändert werden kann. Vielleicht muss die Wohnsituation verändert werden? Oder es muss erst einmal das teure Büro aufgegeben und auf Home-Office umgestellt werden? Was auch immer – es fängt mit einer Entscheidung an. Vielleicht finden sich auch andere, kreative Lösungen, die vielleicht weniger wehtun. Ich möchte hier nur aufzeigen, dass ein Schritt nach vorne manchmal nur dann möglich ist, wenn ich auf der anderen Seite bereit bin, etwas anderes loszulassen.

Mangel an Wissen

Die wichtigste Frage zu diesem Thema: Ist es wirklich wahr? Fehlt Ihnen Wissen, um zum Beispiel den nächsten Schritt zu gehen? Wenn ja, ist meine pragmatische Antwort darauf: Eigenen Sie sich Wissen an.

Doch bei vielen meiner Kunden habe ich immer wieder gemerkt, dass es nur das Gefühl ist, noch nicht gut genug zu sein. Gehören Sie auch zu den Menschen, die einen Kursus nach dem anderen besuchen und dabei vergessen, Dinge umzusetzen? Besonders im Coaching- und Beraterbereich habe ich viele Menschen erlebt, die den Traum einer Selbstständigkeit vor Augen haben und dafür viel Zeit und Geld investieren. Sie fühlen sich aber nie gut genug, um endlich mal anzufangen. Ehrlich gesagt sind mir diese Menschen natürlich lieber als die vielen „selbsternannten" Coaches, die gar keine Ahnung haben. Aber das ist ein anderes Thema ... Bleiben wir bei denen, die sich fleißig weiterbilden und leider nicht den Mut haben, ihr Wissen umzusetzen. Wenn Sie dazugehören: Machen Sie sich klar, dass Sie niemals alles wissen werden. Fangen Sie an! Weiterbilden können Sie sich ja dennoch parallel, denn Weiterbildung ist natürlich immer empfehlenswert.

Mangel an Netzwerk

Vitamin B („B" steht für Beziehung) ist Gold wert. Wenn die richtigen Kontakte fehlen, dann stellen Sie sich die Frage: „Wie kann ich an diese Kontakte herankommen?"

Mir haben seinerzeit Netzwerke stark geholfen. Es gibt Netzwerke über die sozialen Medien, die reinweg nur digital miteinander kommunizieren. Es gibt Netzwerke, die sehr analog sind, sich also regelmäßig real treffen (teilweise sogar wöchentlich), und es gibt Netzwerke, die ein Mix aus beidem sind. Welche Art des Netzwerks für Sie das richtige ist, können nur Sie selbst entscheiden.

Es gibt meines Erachtens jedoch eine goldene Regel beim Netzwerken. Eines der größten weltweiten Unternehmernetzwerke, der BNI, hat es sehr schön auf den Punkt gebracht: Wer gibt, gewinnt! Es ist viel zielführender, mit der Einstellung in ein Netzwerk zu gehen: „Was kann ich anderen geben?", als nur daran zu denken, was Sie von anderen bekommen könnten.

Wem geben Sie persönlich besonders gerne etwas? Die meisten Personen haben, wenn sie etwas erhalten haben, das Gefühl, sie möchten etwas zurückgeben. So funktioniert das Netzwerken besonders gut.

Übung:

- In welchem Lebensbereich haben Sie das Gefühl, ein Defizit, einen Mangel, zu haben?
- Ist es wahr? Ist es wirklich ein Defizit? Oder ist es nur die Angst davor, dass es ein Defizit sein könnte?
- Hat es etwas mit Ihrem Selbstwertgefühl zu tun oder sind es wirklich Fakten?
- Wie könnte das Defizit ausgeglichen werden? Was ist der nächste konkrete Schritt? Gehen Sie diesen bitte innerhalb der nächsten 72 Stunden an.

Denken

Sind Sie sich Ihrer Gedanken bewusst? Im ersten Teil des Buches haben Sie schon den Satz gelesen: Das Verändern der Gedanken verändert unser Leben!

Wie denken Sie über sich und Ihre Lebensumstände? Sind es förderliche Gedanken oder sind es eher zerstörerische Gedanken?

Zerstörerische Gedanken sind zum Beispiel Selbstkritik oder defizitäres Denken. Defizitäres Denken bedeutet, dass Sie die Dinge sehen, die nicht gut laufen oder die Ihnen gerade zu viele Sorgen bereiten. Wenn zerstörerische, negative Gedanken kommen, dann ist es wichtig, diese nicht zu verdrängen, denn sie sind ein Teil von Ihnen. Wenn Sie diese Gedanken einfach nur verdrängen und mit Affirmationen oder positivem Denken „übertünchen", kommen sie wahrscheinlich in anderer Form wieder.

Ein besserer Weg ist es, diese Gedanken zu würdigen und dann wegzuschicken, ungefähr so: „Danke, liebe Gedanken, dass ihr mich darauf aufmerksam macht. Ich weiß, es ist ein wichtiges Thema. Aber ich kann euch zurzeit nicht gebrauchen. Ihr behindert meinen kreativen Fluss und von daher bitte ich euch, zu verschwinden." Das bedarf einiger Übung, vor allem, wenn die Lebenssituation vielleicht derzeit besonders anstrengend ist. Eine weitere Übung hierzu finden Sie unter → *Ressourcen-Aktivierung.*

Die Art und Weise, wie wir denken, macht uns glücklich oder unglücklich. Unsere wahrgenommene Realität ist nur ein Spiegel unserer Gedanken. Manchmal passieren Dinge, die uns unglücklich machen. Wir bekommen Lernaufgaben in unserem Leben. Manchmal verstehen wir in dem Moment noch nicht, warum wir diese Aufgaben bekommen. Doch eines ist auch klar: „Am Ende wird alles gut! Und wenn es nicht gut wird, ist es noch nicht das Ende." (Oscar Wilde)

Ein Verändern der Lebenssituation fängt immer mit einem Gedanken, einer Vision an. Und auch, wenn es manchmal schwerfällt, es ist möglich und funktioniert.

Übung:

- Beobachten Sie einen Tag lang Ihre Gedanken: Wie viele positive, förderliche Gedanken haben Sie? Wie viele hinderliche Gedanken sind es? Haben Sie Selbstzweifel? Wenn ja, warum?
- Sollten Sie hinderliche Gedanken entdeckt haben – wie können Sie diese verändern? Wie können die Dinge noch gesehen werden? Gibt es eine andere Sichtweise, eine andere Interpretationsmöglichkeit?

Durchsetzungsfähigkeit

Wie gut und in welchen Situationen können Sie sich durchsetzen? Gibt es Situationen, in denen Sie sich mehr Durchsetzungsfähigkeit wünschen?

Gute Durchsetzungsfähigkeit ist auch ein Indiz für ein gutes Selbstwertgefühl. Mit „guter Durchsetzungsfähigkeit" meine ich Durchsetzungsfähigkeit, die sinnvoll ist.

Durchsetzungsfähigkeit und Selbstwertgefühl können von zwei Seiten betrachtet werden. Die eine Seite ist naheliegend: Menschen mit einem schwachen Selbstwertgefühl haben oft das Problem, dass sie sich in Diskussionen, im Beruf, im Privatleben schlecht durchsetzen können. Sie werden überhört oder sie trauen sich schlichtweg nicht, ihre Meinung zu äußern. Es gibt aber durchaus auch Menschen, die sich ausgesprochen gut durchsetzen können (zum Beispiel durch Lautstärke und Aggressivität) und dennoch ein schlechtes Selbstwertgefühl haben. Durch die Lautstärke wird vielleicht nur schwaches Selbstwertgefühl ausgeglichen. Das klingt paradox, ist aber leider häufig der Fall. Gerade wenn das Selbstwertgefühl nur „von außen" aufgebaut ist, dann sind solche Verhaltensweisen oft die Folge. Ein Verhandlungserfolg stärkt dann wiederum dieses Selbstwertgefühl „von außen". Es ist quasi Nahrung für das Selbstwertgefühl. Im schlimmsten Fall wird dann die Meinung „aus Prinzip" durchgesetzt, unabhängig davon, ob es gerade sinnvoll ist oder nicht. Das „Ego" braucht dann diesen Erfolg!

Menschen mit einem gesunden, ausgeglichenen Selbstwertgefühl können sich durchsetzen, müssen es aber nicht unbedingt. Sie können genauso gut nachgeben, wenn es drauf ankommt.

Übung:

- Zu welcher „Kategorie Mensch" gehören Sie?
  a) Sie haben Probleme, sich durchzusetzen, und oft das Gefühl, nicht gehört zu werden. Sie wünschen sich mehr Durchsetzungsfähigkeit. Sie machen zu oft den Rückzug, weil Ihnen Harmonie unglaublich wichtig ist.
  b) Sie können sich immer gut durchsetzen und es fällt Ihnen schwer, nachzugeben – auch wenn Sie insgeheim wissen, dass andere recht haben. Sie haben das Gefühl, Sie müssten immer „gewinnen" und ein Nachgeben wäre eine Niederlage.
  c) Zu keiner der beiden. Sie setzen sich durch, wenn es darauf ankommt, aber Sie können auch gut in den Rückzug gehen, ohne das Gefühl „des Verlierens" zu haben.

- Je nach Kategorie a), b) oder c) probieren Sie in den nächsten sieben Tagen bitte mindestens dreimal Folgendes aus:
  a) Trauen Sie sich, Ihre Meinung zu sagen. Sie können auch mit Situationen anfangen, die keine „echten" Folgen in Ihrem „Normalleben" haben, z.B.: Kaufen Sie etwas, was Sie eigentlich nicht haben wollen, und geben Sie es anschließend wieder zurück. Für diejenigen, denen das zu banal ist: Leider gibt es viele Menschen, die damit Probleme haben. Es gibt Trainer, die empfehlen Übungen, wie zum Beispiel, ein Essen im Restaurant zurückzugeben. Wenn es nicht schmeckt, dann ist das natürlich sinnvoll und gut. Wenn es nur darum geht, das Selbstwertgefühl zu trainieren, finde ich diese Übung nicht fair, da es den Restaurantbetreiber schädigt. Vielleicht trauen Sie sich, jemanden auf der Straße anzusprechen, ob er 20 Cent hat, da Ihnen genau diese 20 Cent fehlen, um ein Busticket zu kaufen. 20 Cent sind eine überschaubare Größe. Jemand, der wirklich „betteln" geht, fragt in der Regel nicht nur nach 20 Cent. Aber das Fragen nach Geld trainiert, dass Sie aus Ihrer „Komfortzone" her-

ausgehen. Nach und nach können Sie das Durchsetzen dann in Ihrem Alltag trainieren.

b) Üben Sie Zurückhaltung. Wie wäre es, wenn Sie einem anderen recht geben? Wie fühlt es sich an? Machen Sie sich klar, dass ein Nachgeben nicht gleich etwas mit „Verlieren" zu tun hat. Gibt es kleinere Alltagssituationen, in denen Sie das üben können, ohne das Gefühl zu haben, Ihr Gesicht zu verlieren? Welche Situationen könnten das sein? Fühlen Sie sich schon einmal gedanklich hinein: Was macht das mit Ihnen? Könnte es auch ein angenehmes, schönes Gefühl sein?

c) Herzlichen Glückwunsch, machen Sie weiter so!

Entscheidungen

Entscheidungen treffen – wie leicht fällt Ihnen das? Auch das Thema „Entscheidungen treffen" hat viel mit dem Selbstwert zu tun.

Bei einer Ent-Scheidung treffen Sie nicht nur eine Entscheidung für eine, sondern automatisch auch gegen eine andere Sache. Sie scheiden das eine von dem anderen. Manche Entscheidungen haben ihren Preis – materiell oder immateriell.

Ich meine hier keine Alltagsentscheidungen wie „esse ich dies oder das" oder „was ziehe ich heute an". Ich meine die Entscheidungen für unser Leben, unsere Weichenstellungen. Wie und mit wem möchte ich leben? Was möchte ich beruflich machen? Was möchte ich verändern?

Um Entscheidungen zu treffen, muss ich Bewusstheit haben (siehe → *Bewusstsein*). Vor einer Entscheidung sollte man sich bewusst sein, was man wirklich will.

Entscheidungen zu treffen kann man im Kleinen trainieren. Manche Menschen haben schon Probleme, kleinere Entscheidungen zu treffen, zum Beispiel: was trinke oder esse ich im Restaurant. Wenn schon solche relativ unwichtige Entscheidung schwerfällt, ist es umso schwieriger, wichtige Entscheidungen zu treffen. Dabei sind wir in einer andauernden Entscheidungstreffung. Wir entscheiden tagtäglich ständig irgendwelche Dinge. Wann stehen Sie auf? In welcher Reihenfolge läuft Ihr Morgenritual ab? Was passiert im Laufe des Tages? Gehen Sie links herum oder rechts herum? Welches Verkehrsmittel nutzen Sie? Viele Dinge sind Routine. Aber gerade bei Routinen können wir trainieren, Entscheidungen zu treffen und mal etwas anderes zu probieren.

Können Sie gut Entscheidungen treffen? Falls nicht, hier Ihre Übung:

Übung:
- Wie läuft Ihr Morgenritual (alternativ Abendritual) ab? Was machen Sie in welcher Reihenfolge (und warum)? Probieren Sie morgen einfach mal was Neues aus. Entscheiden Sie sich bewusst für eine andere Reihenfolge, für anderes Essen, für ein anderes Verkehrsmittel etc.
- Gibt es eine Entscheidung, die Sie schon lange vor sich hertragen? Machen Sie sich eine Liste mit Pro- und Kontra-Argumenten. Nun sehen Sie sich diese Argumente unter folgenden Aspekten an:
  a. Was sind Herz-Argumente?
  b. Was sind Kopf-Argumente?

Mein Tipp an dieser Stelle: Lassen Sie die Herzargumente siegen und suchen Sie nach Lösungen, wie Sie die Entscheidung umsetzen können.

Entschlossenheit

Siehe auch → *Entscheidungen*. Entschlossenheit fängt mit einer Entscheidung an. Wenn Sie eine Entscheidung getroffen haben, dann gilt es auch, diese umzusetzen.

Unsichere Menschen erkennt man daran, dass sie unentschlossen sind, oft aus Angst, etwas Falsches zu tun. Selbst wenn sie es schaffen, eine Entscheidung zu treffen, heißt es noch lange nicht, dass sie auch wirklich durchgeführt wird.

Entschlossenheit ist notwendig, um seine Ziele und Wünsche zu erreichen. Hierfür ist ein gesundes Selbstwertgefühl erforderlich. Wenn Sie sich Ihrer wahren Wünsche, Ziele und Stärken bewusst werden, dann kommt Entschlossenheit fast von selbst.

Übung:
- Haben Sie nach dem Kapitel → *Entscheidungen* eine getroffen? Gibt es etwas, das Sie bereits entschieden, aber noch nicht durchgeführt haben? Welche Entscheidungen haben Sie getroffen?
- Bis wann wollen Sie diese Entscheidung umgesetzt haben? Was sind die nächsten drei Schritte und bis wann haben Sie diese erledigt?

Entwicklung

Erwarten Sie keine Wunder. Niemand wacht morgens auf und stellt fest, dass er plötzlich ein neues, besseres Selbstwertgefühl hat. Je stärker Ihre Selbstzweifel sind, je weniger Sie sich aktuell selbst vertrauen, umso langsamer ist die Entwicklung. Doch mit konsequenter Übung wird sich nach und nach Ihr Selbstvertrauen und damit Ihr Selbstwertgefühl verändern und stärker werden. Je mehr Sie sich selbst nach und nach zutrauen, je mutiger Sie werden, umso stärker fühlen Sie Ihren eigenen Wert. Es ist ein wunderbares Gefühl, nach und nach von innen heraus zu wachsen. Ich gehe sogar so weit, dass ich sage, dass die Lebensqualität mit einem guten Selbstwertgefühl massiv steigt. Sie ziehen dadurch automatisch Glück und Erfolg in Ihr Leben.

Geben Sie sich die Zeit für Entwicklung. Jede Entwicklung beginnt mit dem ersten Schritt.

Ungewohntes, Neues ist vielleicht erstmal anstrengend. Es wird aber mit der Zeit immer leichter.

Vergleichen können Sie es mit anderen Dingen, die Sie in Ihrem Leben gelernt haben. Wie anstrengend waren bestimmte Dinge in Ihrer Ausbildung oder im Studium, die Ihnen jetzt leicht von der Hand gehen? Haben Sie einen Führerschein? Wie leicht fiel Ihnen ganz am Anfang das Bedienen des Autos? Oder schauen Sie sich kleine Kinder an, die laufen lernen. Jeder Schritt ist am Anfang so mühsam ... und irgendwann denken Kinder nicht mehr darüber nach, wie sie laufen, sie tun es einfach.

Erfolge

Erfolg ist das, was er-folgt.

Doch was bedeutet Erfolg für Sie? Wann fühlen Sie sich erfolgreich?

Oft sind wir uns der ganz kleinen Erfolge in unserem täglichen Leben gar nicht bewusst. Gerade Dinge, die wir routiniert jeden Tag machen, nehmen wir häufig nicht mehr als etwas Besonderes wahr. Was leisten Sie zum Beispiel täglich in Ihrem Berufs- oder Privatleben? Worauf können Sie stolz sein?

Viele Motivationstrainer empfehlen, ein tägliches Erfolgstagebuch zu schreiben. Damit werden die Gedanken auf das gelenkt, was wir gut können und worauf wir stolz sein können. Es gibt aber auch Gegenstimmen, die sagen, das tägliche Schreiben eines Erfolgstagebuchs führe zur Gewohnheit und zur Abstumpfung. Ein unregelmäßiges Schreiben würde einen größeren Effekt haben.

Welche der beiden Seiten hat recht? Meines Erachtens ist es typbedingt. Fakt ist: Ein Aufschreiben der Erfolge ist eine Methode, mit der wir unser Selbstwertgefühl zunächst einmal von außen aufbessern. Es ist eine Kopf-Methode. Doch je häufiger wir das machen, umso mehr kann es vom Bewusstsein auch in das Unterbewusstsein übergehen. Wichtig ist, dass die Erfolge und das gute Gefühl dazu nach und nach stärker werden als unsere Selbstzweifel.

Und genau da fängt es manchmal an, anstrengend zu werden. Gerade an Tagen, wo wir uns nicht gut fühlen oder mal wieder das Gefühl haben, nicht zu genügen, kann das Erfolgstagebuch anstrengend, ermüdend und sogar nervig werden.

Aus dem Grund empfehle ich die Kombination mit einem Ressourcen-Aktivierungsbuch (siehe → *Ressourcen-Aktivierung*).

Übung:
- Was ist für Sie Erfolg? Wann fühlen Sie sich erfolgreich? Es dürfen auch die täglichen Alltags-Begebenheiten genannt werden. Es müssen nicht immer die ganz großen Erfolge sein. Für manch einen ist es schon ein Erfolg, pünktlich zur Arbeit zu kommen.
- Schaffen Sie sich ein kleines Notizbuch an. Schreiben Sie in den kommenden sieben Wochen mindestens 21-mal etwas hinein. Das können große Erfolge sein oder kleinere Alltags-Begebenheiten, die Ihnen ein Lächeln auf die Lippen gezaubert haben, zum Beispiel die zuvorkommende Verkäuferin, die grüne Welle beim Autofahren oder das nette Zusammensein mit lieben Menschen. Warum 21-mal in sieben Wochen? Gewohnheiten verändern sich, wenn man das veränderte Verhalten 21 Tage lang durchhält bzw. es 21-mal in einem überschaubaren Zeitraum verändert. Bei sieben Wochen ist es dreimal wöchentlich. Damit wird es nicht zum Stress oder zur unangenehmen Verpflichtung. Sie können es durchschnittlich jeden zweiten Tag machen oder Sie machen es mal an drei Tagen hintereinander und haben danach ein paar Tage „frei". Das obliegt Ihnen.

Fokus

Siehe auch → *Defizite*, → *Handicap*, → *Denken* und → *Schwächen*.

Das Thema „Fokus" ist ein sehr umfang- und facettenreiches Thema. Fokus hat viel mit dem Thema Erfolg zu tun. Das Ziel im Fokus, im Visier zu behalten, hilft, um es zu erreichen, um erfolgreich zu sein. Doch manchmal verbaut ein starker Fokus auf eine bestimmte Sache auch den Blick auf andere Dinge.

Beispiel: Kennen Sie Menschen, die sich so stark auf ein Projekt konzentrieren und so darin aufgehen, dass sie nicht merken, dass sie andere Menschen (z. B. Familienangehörige) oder Dinge (andere Aufgaben) vernachlässigen?

In diesem Buch möchte ich mich auf das Thema Fokus im Zusammenhang mit dem Selbstwertgefühl konzentrieren (oder eher „fokussieren").

Worauf liegt Ihr Fokus? Haben Sie Ihren Fokus auf den Dingen, die Sie gut können? Oder liegt Ihr Fokus manchmal auch auf der Vermeidung von Fehlern bzw. auf Ihren eventuellen Defiziten und Handicaps?

Je mehr wir unseren Fokus auf unsere vermeintlichen Schwächen legen, umso mehr Macht haben sie über uns. Je mehr wir mit der Vermeidung oder dem Verbergen unserer Schwächen beschäftigt sind, umso eher nimmt es ein Gesprächspartner wahr.

In wichtigen Situationen (zum Beispiel in wichtigen Gesprächen, in entscheidenden Situationen oder vor einem Vortrag, den Sie vielleicht halten wollen, etc.) ist es unglaublich wichtig, sich auf seine Stärken zu konzentrieren und darauf zu vertrauen, dass wir alles richtig machen.

An früherer Stelle in diesem Buch bin ich schon einmal auf das Thema „Bauchatmung" eingegangen. In dem Moment, wo Sie merken, dass Zweifel kommen oder dass Sie unsicher werden, konzentrieren Sie sich auf Ihre Bauchatmung. Wenn Sie an das Atmen denken, können Sie nur schwer gleichzeitig an etwas anderes denken. Sie richten sich automatisch mehr auf und wirken auf andere präsenter.

Übung:
- In welchen Situationen fühlen Sie sich unsicher? Worauf haben Sie in solchen Situationen Ihren Fokus?
- Wie könnten Sie zukünftig Ihren Fokus verändern? Welche Stärke kann Ihnen helfen?

Suchen Sie sich einen „Spielpartner" und stellen Sie eine eben aufgeschriebene Situation nach. Üben Sie die gefundenen Lösungen mit Ihrem Spielpartner.

Geld

Zum Thema Geld können Sie bereits vieles im ersten Teil des Buches nachlesen.

Seien Sie einmal ganz ehrlich zu sich selbst: Wie sehr brauchen Sie das Thema Geld für Ihr Selbstwertgefühl? Hängt Ihr Selbstwertgefühl vom Kontostand ab?

Sehr oft ersetzt Geldwert den Selbstwert.

Mit einem gesunden Selbstwertgefühl kommen der Erfolg und das Geld viel leichter ins Leben, denn Selbstwert ist Geld wert.

Übungen dazu finden Sie im ersten Teil des Buches.

Grenzen setzen

Wie gut können Sie Grenzen setzen?

Warum fällt es vielen Menschen so schwer, Grenzen zu setzen? Ist es die Angst vor Ablehnung? Ist es die Angst vor Konsequenzen?

Das Thema „Grenzen setzen" zeigt sich in vielen Bereichen. Wie reagieren Sie zum Beispiel in folgenden Situationen:

- Ein Kollege ist völlig überarbeitet oder hat einen wichtigen Termin und bittet Sie, die restlichen Arbeiten für ihn zu erledigen.
- Ein guter Freund oder eine gute Freundin bittet Sie um einen Gefallen. Sie haben eigentlich etwas anderes (für Sie Wichtiges) vor oder schlichtweg keine Lust.
- Sie fühlen sich unberechtigt von jemandem angegriffen oder bekommen Vorwürfe, die Sie so nicht nachvollziehen können.
- Ihre Nachbarn machen viel zu oft Lärm.
- Sie scheuen sich vor Konflikten und geben des lieben Friedens wegen nach.
- Sie sind ständig „Taxi" für andere Personen.

Fragen Sie sich bei all diesen Situationen auch, ob es eine Ausnahmesituation ist oder ob Ihnen so etwas häufiger passiert.

Vor allem Menschen mit einem „Helfersyndrom" oder Menschen, die sehr harmoniebedürftig sind, kommen hier schnell unter die Räder. In dem Moment, wo es an Ihre eigenen Kräfte geht und es in Stress ausartet, sollten Sie anfangen, Grenzen zu ziehen. Mit einem gesunden Selbstwertgefühl fällt es wesentlich leichter, für sich und seine Interessen einzustehen und seine eigenen Grenzen zu erkennen und zu setzen.

Übung:

- Haben Sie sich in einer der oben genannten Situationen erkannt oder ist Ihnen eine andere ähnliche Situation eingefallen?
- Möchten Sie zukünftig in solchen Situationen anders reagieren, weil Sie merken, dass es an Ihre Kräfte geht und Sie sich selbst damit nichts Gutes tun?

Suchen Sie sich eine der Situationen aus und üben Sie beim nächsten Mal, einfach „Nein" zu sagen. Sie werden sehen, wie gut Ihnen das tut und wie einfach es mit der Zeit wird, wenn man sich erst mal traut! Sie werden wahrscheinlich sogar feststellen, dass die anderen Ihnen die Absage noch nicht einmal übelnehmen.

Handicap

Haben Sie ein echtes, zum Beispiel ein körperliches, Handicap? Fühlen Sie sich deswegen nicht gut genug oder abgelehnt?

Wenn das Handicap nicht verändert werden kann, bleibt uns leider nur, es in unser Leben zu integrieren. Mein Handicap ist das Tourette-Syndrom. Ändern kann ich es nicht.

Hat Ihr Handicap vielleicht auch Vorteile? Zugegebenermaßen ist es – je nach Lebenssituation – schwierig, hierauf eine Antwort zu finden, vor allem, wenn es das Leben und das Denken dominiert. Ehrlich gesagt, habe ich Vorteile an meinem Tourette-Syndrom nicht wirklich finden können. Es nervt, es verursacht Schmerzen (durch die ewigen Verspannungen) und es ist teilweise sozial unverträglich, vor allem bei Lautäußerungen (die ich zum Glück selten habe).

Ich habe es irgendwann akzeptiert und in mein Leben integriert. Auch wenn es keine Vorteile bringt – es hat seither zumindest keine Macht mehr über mich. Noch vor einigen Jahren hat es mein Leben und Denken geprägt.

Allerdings gibt es für mich inzwischen doch eine gute Seite an meinem Tourette-Syndrom: Es hat mein Leben beeinflusst, und ohne mein Tourette-Syndrom wäre dieses Buch zum Beispiel niemals entstanden. Heute kann ich Menschen ermutigen, ihren Weg zu gehen, egal, wie die Ausgangssituation ist.

Und noch etwas habe ich gelernt: Für andere ist unser eigenes Handicap häufig gar nicht schlimm. In unserer Wahrnehmung und in unserem Fühlen ist es viel größer und dominanter, als es für andere ist. Wenn andere uns als Mensch mögen oder sogar lieben, dann ist das Handicap häufig egal. Manchmal sehen andere Menschen etwas an uns, was wir selbst noch nicht sehen, weil wir uns zu sehr mit unserem Handicap beschäftigen.

Übung für Menschen mit einem Handicap:
- Wenn Sie ein Handicap haben, was ist es für eines? Können Sie es verändern? Wenn ja, wie? Wenn nein, wie gut haben Sie Ihr Handicap schon akzeptiert und in Ihr Leben integriert?
- Was sagen andere zu Ihrem Handicap (Freunde, Familie etc.)?
- Gibt es einen besonderen Vorteil oder eine besondere Stärke, die aus Ihrem Handicap heraus da ist? Was ist das Gute an Ihrem Handicap?

Individualität

Jeder Mensch ist individuell. Jeder Mensch ist etwas Besonderes.

Leider lernen wir oft schon als Kind, uns anzupassen und unsere Individualität *nicht* zu leben. Da gibt es viele genormte Verhaltensweisen. Wir hören von unseren Eltern Sätze wie „Das macht, sagt oder tut man nicht!", „Was sollen denn xxx denken!", „Benimm dich!". Schon früh werden von uns bestimmte Verhaltensweisen erwartet und wir hören, was wir alles nicht richtig machen. Wir bekommen gut gemeinte Ratschläge, die sich in unser Gehirn „einbrennen" und später zu sogenannten Glaubenssätzen werden. Wir übernehmen in Teilen die Sicht auf die Welt von unseren Eltern und den Personen, mit denen wir in der Kindheit viel zu tun hatten. Es werden Erwartungen an uns gestellt, was wir wann und wie zu tun haben.

Leider besteht dabei die Gefahr, dass wir schon als Kind verlernen, unsere Individualität zu leben.

Was macht Sie wirklich aus? Was können Sie besonders gut? Erlauben Sie sich einen neuen Blick auf sich selbst!

Im Business sprechen wir vom „USP", dem Unique Selling Point. Es ist der entscheidende Unterschied, der ein Unternehmen von einem anderen unterscheidet und es besonders macht.

Übung:
- Was ist Ihr USP? Was macht Sie besonders? Welche Kombination an Eigenschaften, Wissen und Fühlen haben Sie? Was können Sie – im Vergleich zu anderen – besonders gut? Wo können Sie vielleicht andere unterstützen und ein Vorbild sein?
- Gibt es Eigenschaften, die Sie bisher unterdrückt haben, die Sie sich nicht getraut haben auszuleben? Warum haben Sie das bis-

her nicht gelebt? Was könnte Ihnen helfen, diese Eigenschaft zukünftig zu leben? Vielleicht ein neues Hobby, ein neuer Job, ein neuer Bekanntenkreis?

Vorsorglich sei erwähnt: Sollte die Eigenschaft sozial unverträglich sein und/oder vielleicht massiv auf Kosten anderer gehen, dann ist es gut, wenn Sie diese Eigenschaft nicht ausleben. Dann bleiben Sie bitte dabei. Denn wie immer im Leben gibt es zwei Pole, zwei Extreme: Seine Individualität gar nicht zu leben ist der eine Pol. Eine Eigenschaft auszuleben, die einem selbst oder andere massiv schaden könnte (ich überlasse es jetzt Ihrer Fantasie, was das alles sein kann), ist der andere Pol. Doch dazwischen gibt es viele Nuancen, die Sie gerne ausleben dürfen und sollten.

Kommen Sie raus aus Ihrer Bequemlichkeitszone! Veränderung kann nur stattfinden, indem Sie den ersten Schritt tun!

Übung:
- Schreiben Sie drei Dinge auf, die Sie schon immer mal tun, mal ausprobieren und ausleben wollten.
- Nun schreiben Sie dahinter, wann (bzw. bis wann) und eventuell wo Sie es konkret ausprobieren wollen.
- Überlegen Sie jetzt, wie der erste Schritt zu Ihrem Vorhaben aussehen und wer Sie dabei unterstützen könnte.

Alles beginnt mit dem ersten Schritt, und der erfordert manchmal Mut. Doch schon der zweite Schritt ist viel einfacher. Kommen Sie ins Tun. Nur so kann Wachstum entstehen.

Integration

Manchmal müssen wir Dinge in unser Leben integrieren, auch wenn es uns so gar nicht passt.

Ein mangelndes Selbstwertgefühl bzw. ein mangelndes Selbstvertrauen erkennen wir zum Beispiel daran, dass wir versuchen, unsere Schwächen,

Handicaps oder Nicht-Wissen zu verbergen oder noch schlimmer: zu bekämpfen. So, wie ich jahrzehntelang versucht habe, mein Tourette-Syndrom zu verbergen und zu bekämpfen, so gibt es vielleicht auch bei Ihnen Eigenschaften oder Schwächen, die Sie versuchen zu verbergen oder gegen die Sie ständig angehen. Das verbraucht unglaublich viel Energie.

Was wäre denn, wenn Sie genau diese Energie zukünftig anderweitig nutzen und sie in Ihre Ziele und Stärken investieren? Dazu gehört aber auch das → *Bewusstsein*, das → *Annehmen* und das → *Akzeptieren*.

Integration von Themen, die ich nicht ändern kann, anstatt dagegen zu kämpfen – das führt zu mehr Souveränität und zu einem selbstsichereren Auftreten.

Man kann jedoch nicht nur Schwächen integrieren. Auch die Integration von Dingen, die gerade (vielleicht auch unerwartet und in unpassenden Momenten) passieren (und bei denen Sie vielleicht am liebsten in den sprichwörtlichen Boden versinken wollen), ist erlernbar. Je mehr ich solche Dinge integrieren kann, desto souveräner ist mein Auftreten.

Hierzu ein paar Beispiele:

Sie machen einen Fehler. Wie reagieren Sie? Versuchen Sie, diesen zu verbergen? Suchen Sie nach Rechtfertigungen oder Ausreden anderen gegenüber? Oder können Sie einen Fehler – unabhängig von der Größe und Tragweite – zugeben und dazu stehen? Menschen mit einem gesunden Selbstwertgefühl zeigen in solchen Momenten Rückgrat und stehen zu ihren Fehlern.

Vielleicht sind Sie Trainer, Coach, Lehrer oder Berater und werden etwas gefragt, auf das Sie keine Antwort haben, im schlimmsten Fall vielleicht sogar etwas, von dem man an sich ganz klar von Ihnen eine Antwort erwartet. Wie reagieren Sie? Auch hier gilt: Menschen mit einem gesunden Selbstwertgefühl können in solchen Momenten zu ihrem Nicht-Wissen stehen, weil sie ihre Qualitäten kennen und keine Angst davor haben, wegen ihres Nicht-Wissens anschließend abgelehnt zu werden.

Ein weiteres Beispiel: Sie sprechen vor Menschen, sollen einen Vortrag halten. Auf der Bühne passiert etwas Ungeplantes, Ungewöhnliches oder es sind Störungen vorhanden (zum Beispiel: etwas kippt um, die Technik funktioniert nicht, aus dem Publikum gibt es unerwartete Zwischenfragen etc.). Wie gehen Sie damit um? Bringt es Sie aus dem Konzept oder können Sie mit diesen Dingen souverän umgehen und sie vielleicht sogar in Ihren Vortrag integrieren? Menschen, die sich auf der Bühne wohlfühlen und ein gesundes Selbstwertgefühl haben, „spielen" mit den unerwarteten Dingen, die passieren, greifen sie vielleicht sogar auf und integrieren sie in ihren Vortrag, zumindest, wenn es eine auffällige Störung ist, die das Publikum ggf. irritiert. Hierzu gehört natürlich auch ein wenig Improvisationstalent ... Wobei „Talent" noch nicht einmal erforderlich ist, jeder kann es lernen. Hierfür hilft beispielsweise Improvisationstheater. Wenn Sie lernen möchten, souveräner mit unerwarteten Situationen umzugehen, schauen Sie doch mal, ob es in Ihrer Umgebung einen Kurs für Improvisationstheater gibt. Das macht nicht nur Spaß, sondern hat auch einen großen Lerneffekt.

Jetzt erst recht

Sie stoßen immer wieder auf Hindernisse? Oder andere Menschen erzählen Ihnen ständig, dass etwas nicht geht oder nicht funktioniert? Sie wollen etwas tun, etwas verändern, etwas Neues machen, doch die Rahmenbedingungen scheinen dafür alles andere als gut zu sein? Sie wollen etwas unbedingt und es funktioniert einfach nicht?

Dann gilt es zunächst zu hinterfragen, ob es wirklich der richtige Weg ist. Wie tief ist der Wunsch in Ihnen? Welchen Preis müssen Sie vielleicht sogar dafür zahlen – und auch hier meine ich wieder einmal nicht nur den materiellen Preis. Manchmal ist der Preis sehr hoch. Vielleicht verlieren wir Menschen, die sich von uns abwenden. Vielleicht haben wir weniger Zeit für die Menschen, die uns am Herzen liegen, oder für unsere Hobbys.

Wenn Sie für sich entschieden haben, dass es dennoch der richtige Weg ist, dann schauen Sie nach Lösungen! Wer kann Ihnen helfen, Ihr Ziel zu erreichen? Welche Menschen wollen (oder müssen) Sie hierfür kennenlernen? Wie viel Geld brauchen Sie für die Umsetzung und welche Möglichkeiten gibt es, an das Geld heranzukommen? Müssen Sie mehr Geld verdienen oder können Sie Kosten reduzieren, um das Geld für Ihre Zielerreichung zu erhalten?

Wenn Sie etwas wirklich wollen, dann kann „Trotz" eine unglaublich tolle, treibende Energie sein. Sie trotzen den Widrigkeiten, Sie lassen sich nicht einschüchtern und von Ihrem Weg abbringen, denn Sie wissen: Auch, wenn es bisher noch nicht sein sollte, andere Ihre Pläne nicht gut finden oder Sie schon mehrmals an der Umsetzung „gescheitert" sind, *genau jetzt* ist die richtige Zeit für die Umsetzung da! Jetzt erst recht! Egal, was die anderen sagen!

Beispiel: Sie möchten eine Weiterbildung machen, um den nächsten beruflichen Schritt zu wagen oder noch einmal neu durchzustarten! Dafür müssen Sie sogar Ihre Arbeitszeit reduzieren oder einen sicheren Job verlassen. Sie hatten in der Vergangenheit nicht das Geld, um diese Weiterbildung zu finanzieren, und haben nun Angst davor, Ihre laufenden Kosten (Miete, Darlehensraten etc.) nicht mehr tragen zu können (mehr dazu im Kapitel „Geld-Zeit-Gefängnis"). Eventuell sind Ihre Kinder Ihrer Meinung nach auch noch zu klein und deswegen können Sie Ihre Weiterbildung noch nicht machen. Oder Sie haben sich sogar schon auf einen Platz für die Weiterbildung beworben und wurden abgelehnt. Dann probieren Sie es einfach nochmal – vielleicht bei einem anderen Bildungsträger!

Gründe, etwas *nicht* zu tun, gibt es viele! Wenn Sie etwas wirklich wollen, dann sagen Sie sich auch ruhig immer wieder den Satz: „Jetzt erst recht!"

Doch manchmal ist es auch besser, Dinge loszulassen ... (→ *Loslassen*), auch wenn es vielleicht schwerfällt.

Fühlen Sie dann in sich hinein. Nehmen Sie sich dafür wirklich Zeit – am besten allein, denn die Meinung anderer ist nicht Ihre Meinung. Die können Sie sich später einholen, wenn Sie sich Ihre eigene Meinung gebildet haben.

Zusammenfassend gibt nur die zwei folgenden Möglichkeiten:

1. Wenn etwas immer wieder schwer und anstrengend ist, dann gehen Sie (am besten in einer Meditation) in sich und hinterfragen, ob es der richtige Weg, die richtige Strategie, der richtige Ort und der richtige Zeitpunkt ist. Dinge dürfen leicht sein. Wenn immer wieder Hindernisse auftauchen, dann gilt es vielleicht, etwas zu verändern.
2. Jeder Mensch agiert aus seiner eigenen Welt, aus seinen eigenen Erfahrungswerten, aus seinem eigenen Wissen, aus seinen eigenen Ängsten und aus seiner eigenen Begrenztheit heraus. Googeln Sie mal Zitate zum Thema „Ziele und Träume". Immer wieder erhalten Sie tolle Sprüche und Lebensweisheiten, die zum Beispiel folgende Aussagen haben: „Lasse dir von Menschen mit kleinem Horizont nicht erzählen, dass deine Träume zu groß sind." „Wenn du scheiterst, sagen die Menschen, sie hätten es gewusst. Wenn du Erfolg hast, sagen die Menschen, sie hätten es gewusst. Egal wie, du kannst es ihnen nicht recht machen und sie wissen es immer besser – vor allem im Nachhinein." „Alles beginnt mit einer Idee. Alles, was da ist, hat irgendwann mal mit einer Idee angefangen." „Denke klein und du wirst klein bleiben. Denke groß und die Wahrscheinlichkeit, dass du groß wirst, ist ebenfalls groß."

Es macht Spaß und motiviert, Zitate, Sprüche und Lebensweisheiten zu diesem Thema zu lesen. Ich könnte das ganze Büchlein damit füllen. Vor allem: Es steckt so viel Wahrheit darin!

Also: „Träume nicht Dein Leben, sondern lebe Deinen Traum!" (Urheber unbekannt, aber vielfach zitiert)

Kinder

Kinder sind ganz wunderbare Wesen, von denen wir unglaublich viel lernen können – vor allem zum Thema Selbstwertgefühl.

Ist Ihnen schon einmal aufgefallen, dass Kinder ein angeborenes Selbstwertgefühl haben?

Je kleiner Kinder sind, desto weniger denken sie darüber nach, was andere denken könnten, wenn sie etwas fordern. Sie machen auf sich aufmerksam, wenn sie Hunger oder Durst haben. Sie zeigen alle ihre Gefühle – Freude und Liebe, aber auch Angst, Traurigkeit, Ekel und Wut. Sie denken nicht darüber nach, ob ihre Gefühle gerade richtig und angebracht sind.

In der Sandkiste und auf Spielplätzen können wir das Verhalten von Kindern gut beobachten. Da gibt ein Kind dem anderen zum Beispiel keine Schaufel ab, auch wenn es zwei davon hat, einfach, weil es gerade nicht möchte. Natürlich ist es gut, wenn wir irgendwann lernen, auch auf andere Rücksicht zu nehmen und zu teilen, doch es ist immer eine Frage der Dosierung. Wenn ich nur noch Rücksicht auf andere nehme und meine eigenen Wünsche, Bedürfnisse und Sehnsüchte stets hintenanstelle, werde ich automatisch irgendwann traurig und unzufrieden.

Übung:
Nehmen Sie sich Zeit – ganz allein. Setzen Sie sich an einen Spielplatz und beobachten Sie die Kinder dort. Bitte achten Sie dabei auf Folgendes:
- Erkennen Sie Verhaltensweisen, die zeigen, dass Kinder ein angeborenes Selbstwertgefühl haben (wie zum Beispiel das Nicht-Geben oder Wegnehmen der Schaufel) und dass sie nicht darüber nachdenken, was die anderen Kinder in diesem Moment wohl gerade denken? Was möchten Sie von diesen Kindern lernen/mitnehmen?

- Bei welchen Verhaltensweisen ist es gut, dass wir erwachsen werden (Beispiel Schaufel: Das andere Kind ohne Schaufel ist bestimmt traurig)? Wie viel Selbstwertgefühl (gesunder Egoismus) ist gut? Wann ist Egoismus weniger zielführend, wann ist es gut, dass wir als Erwachsene auch diplomatisch und zurückhaltend sein können?
- Seien Sie selbst mal wieder Kind! Trauen Sie sich, Dinge auszuprobieren, ohne Angst vor den Gedanken der anderen zu haben. Hopsen Sie durch Regenpfützen! Machen Sie einen Schnee-Engel! Probieren Sie das doch mal aus! Je häufiger Sie das machen, desto geringer wird irgendwann das „Peinlichkeitsgefühl" sein.

Klarheit

Klarheit ist eng verbunden mit dem Thema Bewusstheit.

Klarheit über die eigenen Ziele, Pläne und Wünsche, über die eigenen Stärken, über Lernpotenziale (ist ein schöneres Wort als Schwächen), über die eigene Kraft, die eigene Wirkung, das Eigen- bzw. Fremdbild (wie sehe ich mich, wie sehen andere mich), über die eigenen Lebensumstände, ... Diese Liste ließe sich unendlich fortführen.

Klarheit ist der Schlüssel zu allem. Alle Übungen in diesem Buch führen letztendlich dazu, dass Sie sich über verschiedene Dinge klar werden. Nur mit Klarheit können Ziele erreicht, Wünsche gelebt und das Selbstwertgefühl gesteigert werden.

Das Thema Klarheit müsste – wenn es nicht alphabetisch sortiert wäre – am Ende des Buches stehen. Doch vielleicht haben Sie am Ende des Buches automatisch mehr Klarheit über all die in diesem Buch angesprochenen Themen.

Komfortzone

Die Komfortzone ist die Zone, die wir kennen. Die Zone der Gewohnheit, der Bequemlichkeit. Unter → *Individualität* habe ich diese Zone

„Bequemlichkeitszone" genannt. Dort haben Sie auch schon eine Übung dazu gefunden.

Solange wir uns nur auf uns bekanntem Terrain aufhalten und die Dinge tun, die wir bereits können und in denen wir uns sicher fühlen, kann keine Entwicklung stattfinden.

Spannenderweise haben die meisten Menschen innerhalb ihrer Komfortzone meist auch kein Problem mit Selbstvertrauen und mit dem Selbstwertgefühl. So fühlen wir uns oft innerhalb unserer Familie oder innerhalb unserer tagtäglichen Routine sicher. Unsicherheiten zeigen sich häufig erst, wenn etwas Unerwartetes, etwas Neues oder etwas Unbequemes hinzukommt.

Wenn wir etwas Neues wagen, lernen oder machen, kommen wir in die sogenannte „Entwicklungszone". Solange diese Entwicklung Schritt für Schritt vor sich geht, haben viele Menschen auch damit kein Problem. Die Entwicklungszone kann auch als „Lernzone" bezeichnet werden.

Wenn die Entwicklung jedoch zu schnell vonstattengeht oder wenn wir durch äußere Umstände oder durch eine mutige Entscheidung plötzlich vor einer neuen, unbekannten Situation oder Herausforderung stehen, kann das schon mal Angst machen. Wir sprechen dann von der „Angstzone".

Wenn wir uns in dieser Angstzone befinden, dann ist die Gefahr, einen Rückzieher zu machen, in eine Schockstarre oder in eine depressive Stimmung zu verfallen (wenn etwas nicht so funktioniert, wie ich es mir wünsche), sehr groß. Viele Pläne und Unternehmungen scheitern genau dann.

Zwei Lösungswege gibt es hier: Entweder Sie gehen bewusst Schritt für Schritt einen neuen bzw. anderen Weg oder Sie werden sich bewusst, dass diese Angstzone (Angstphase) ganz normal ist. Wenn Sie aus irgendwelchen Gründen in eine solche Angstphase hineingeraten, dann halten Sie durch. Suchen Sie sich einen Kraft- oder Ruhepol, der Ihnen dabei hilft, durchzuhalten. Ihre Pläne und Ihr Leben sind zu wertvoll, um aufzugeben.

Übung:

Was kann Ihnen in schwierigen Situationen helfen, wieder zu Ihrer Kraft und zu Ihrem Mut zu finden?

Das kann ein Ort oder ein Lebewesen sein (bei mir sind es zum Beispiel meine Pferde), es kann ein schönes motivierendes Buch sein, es kann eine Tat sein (etwas Leckeres zu essen oder zu trinken, Einkaufen, Sport, Meditation etc.) oder es kann auch nur in Gedanken existieren (Sie könnten sich beispielsweise in Gedanken einen eigenen Kraftort kreieren).

Immer, wenn Ihr Mut Sie verlässt, wenn Sie sich nicht selbstwertvoll fühlen, wenn Sie das Gefühl haben, nicht gut genug zu sein, etwas nicht zu schaffen, dann erinnern Sie sich an Ihren Kraftort, an das, was Ihnen wieder Mut und Kraft gibt. Dieser Ort erinnert Sie daran, dass Sie genau richtig sind, so wie Sie sind, und dass Sie genau das dürfen, was Sie gerade tun.

Kommunikation

Wie kommunizieren Sie? Können Sie sich gut durchsetzen? Geben Sie auch mal nach, wenn es darauf ankommt? Beide Seiten sind wichtig.

Ein mangelndes Selbstwertgefühl kann sich hier auf zwei Ebenen zeigen:

1. Sie geben viel zu schnell nach – aus Angst vor Disharmonie oder Ablehnung. Sie stellen Ihre eigenen Themen zurück, Sie geben anderen stets das Wort. Sie haben vielleicht sogar ab und zu das Gefühl, nicht gehört zu werden. Sie denken manchmal, niemand interessiert sich für das, was Sie zu sagen haben. Sie trauen sich nicht, Ihre Meinung zu sagen.
2. Sie müssen sich unbedingt durchsetzen. Ihre Meinung zählt. Wenn sich ein anderer durchsetzt, haben Sie das Gefühl, „verloren" zu haben. Sie erzählen viel von sich und lassen andere wenig zu Wort kommen. Sie müssen sich selbst oder irgendwem anderen etwas beweisen. Manchmal fühlen Sie sich in genau dieser Rolle

total unwohl oder denken im Nachhinein darüber nach, ob es richtig war – aber Sie kommen in diesen Momenten nicht aus Ihrer Haut bzw. aus diesen Verhaltensweisen heraus. Sie brauchen das Durchsetzen für Ihr Selbstwertgefühl.

An der Art der Kommunikation können wir erkennen, wie selbstsicher jemand ist. Unsicherheit drückt sich entweder im Rückzug oder im übertriebenen Geltungsdrang/Durchsetzungsdrang aus. Beides ist nicht zielführend. Die goldene Mitte ist gut.

Für den Bereich Kommunikation gibt es unglaublich viel Fachliteratur. Neben dieser Literatur empfehle ich auch, sich mit sogenannten „Typologien" zu beschäftigen. Bei vielen Menschen sind bestimmte Grundverhaltensweisen erkennbar, wie zum Beispiel Introversion oder Extraversion, Sachbezogenheit, Personenbezogenheit etc.

Die Grundverhaltensstrukturen von Menschen bestimmen die Art der Kommunikation. Nur weil jemand zurückhaltend oder besonders dominant ist, kann man nicht automatisch Rückschlüsse auf das Selbstwertgefühl ziehen. Verhalten von Menschen ist multifaktoriell, und in diesem Buch beleuchte ich Verhalten insbesondere unter dem Gesichtspunkt Selbstwert. Mögliche Typologien, mit denen es sich lohnt, sich zu beschäftigen, sind zum Beispiel Insights MDI®, DISG®, LIFO® und die Biostruktur-Analyse®. Welche Übung kann ich Ihnen konkret mitgeben?

Übung:

Beobachten Sie in den nächsten sieben Tagen mal ganz genau Ihr eigenes Kommunikationsverhalten. Wie gut setzen Sie sich durch? Wie gut fühlen Sie sich beispielsweise in Diskussionen? Wenn es Ihnen mit der von Ihnen gelebten Verhaltens- und Kommunikationsweise gut geht, dann ist alles in Ordnung. Wenn Sie merken, dass Sie sich unwohl fühlen, sollten Sie etwas verändern. Je nachdem, was es ist, suchen Sie sich dann im Internet mindestens eine Trainingsmöglichkeit heraus (zum Beispiel Schlagfertigkeitstraining). Melden Sie sich an! Auch hier gilt wieder: Veränderung beginnt im Kopf und mit dem ersten Schritt.

Kompetenz

Sind Sie sich Ihrer Kompetenzen bewusst?

Was können Sie besonders gut, vielleicht sogar besser im Vergleich zu anderen? Nutzen Sie Ihre Kompetenzen schon voll und bewusst aus? Manch eine Mutter und Hausfrau hat zum Beispiel ein absolutes Organisationstalent und ist sich dessen gar nicht bewusst.

Gerade bei Dingen, die wir routiniert und selbstverständlich tun, zeigen sich unsere Kompetenzen. Oft sehen wir sie aus genau dem Grund nicht – denn sie sind für uns Routine und selbstverständlich. Für andere ist es vielleicht ganz und gar nicht selbstverständlich. Sie bewundern uns vielleicht genau dafür!

Übung:

Was können Sie ganz besonders gut? Was können Sie sogar besser als andere? Springen Sie über Ihren Schatten! Bei dieser Übung dürfen Sie sich mal so richtig loben! Bescheidenheit ist bei dieser Übung fehl am Platze. Erlauben Sie sich, groß und wertschätzend über sich selbst zu denken und es aufzuschreiben!

Schreiben Sie mindestens fünf großartige Kompetenzen auf, die Sie in sich tragen!

Dann stellen Sie sich eine Skala von 1 bis 3 vor:
1 = Kompetenz ist vorhanden.
2 = Kompetenz ist überdurchschnittlich vorhanden.
3 = Meine Kompetenz ist stärker vorhanden als bei vielen anderen und ich bin stolz darauf!

Überlegen Sie: Wie und wo nutze ich diese Kompetenz schon? Und wie und wo kann ich sie zukünftig bewusst einsetzen?

Kompliment

Dieses Thema wurde schon unter → *Annehmen* ausführlich behandelt. Hier nur noch einmal die Frage: Wie leicht fällt es Ihnen, Komplimente zu verteilen und anzunehmen?

Komplimente stärken das Selbstwertgefühl. Doch die Art und Weise, wie Sie Komplimente annehmen, ist entscheidend dafür, ob die Komplimente das Selbstwertgefühl nur von außen oder auch von innen heraus stärken.

Nahezu jeder Mensch hört gerne, dass er etwas gut gemacht hat oder dass er toll ist. Wenn Sie das, was Ihnen gesagt wird, im Grunde Ihres Herzens jedoch nicht glauben, dann ist es nur ein „Füttern" des Selbstwertgefühls von außen. Es stärkt lediglich das Licht, welches den Leuchtturm von außen anstrahlt.

Wenn Sie anfangen, den Komplimenten zu glauben, und selbst davon überzeugt sind, dass das, was gesagt wurde, auch wahr ist, dann stärken Sie Ihr Selbstwertgefühl von innen heraus und Ihr Licht wird von innen heraus strahlen.

Auch die Art und Weise des Komplimente-Gebens kann etwas über Selbstwertgefühl aussagen. Menschen mit einem mangelnden Selbstwertgefühl vergleichen sich gerne mit anderen. Es besteht die Gefahr, dass gleichzeitig mit einem Kompliment, das sie vergeben, ein Gefühl aufkommt wie zum Beispiel: „Warum kann der oder die das und ich nicht?", „Ich möchte das auch, aber ich bin ja nicht gut genug", „Immer bekommen die anderen alles", „Die anderen sind sowieso immer besser als ich".

Übung:
Zum Thema „Komplimente annehmen" siehe auch → *Annehmen.*

- Beobachten Sie sich selbst, wie Sie reagieren, wenn Sie Komplimente bekommen. Erreichen diese Komplimente Ihr Herz oder nur Ihren Kopf? Glauben Sie an das, was andere Ihnen sagen, oder fühlen Sie Selbstzweifel?

Wenn Sie Zweifel spüren: Woher kommen diese Zweifel? Welches Gefühl steckt dahinter? Danach schreiben Sie sich das Kompliment auf und schreiben drei Argumente bzw. Dinge dazu, die dieses Kompliment unterstreichen und bestätigen.

- Geben Sie (ernst gemeinte) Komplimente. Wie fühlen Sie sich dabei? Geben Sie diese Komplimente von Herzen? Oder gibt es eventuell auch eine Stimme, die so etwas wie „ungerecht" oder „ich will das auch" schreit? Woher kommt diese Stimme? Ist es Neid? Ist es Missgunst? Dann machen Sie sich noch einmal bewusst, was Sie alles können und haben. Oder ist es eher ein Gefühl wie „Das möchte ich auch sehr gerne, aber ich bin noch nicht so weit", ohne Missgunst-Gefühle, dann überlegen Sie sich eine Strategie, wie Sie dahin kommen können und bis wann. Welche Schritte sind zu gehen, um es auch zu schaffen?

Leichtigkeit

Vielen Menschen in unserer westlichen Welt fehlt leider die Leichtigkeit.

Wir leben in einer schnellen, hektischen Zeit. Viele haben Zeitdruck und machen fünf Dinge auf einmal. Während wir zum Beispiel in der Bahn sitzen und mit einem Geschäftspartner telefonieren, beantworten wir gleichzeitig Mails, während dieser spricht, und schauen mit dem anderen Auge auf die Überschriften der Zeitung, die neben uns liegt. Wie fokussiert und konzentriert sind wir auf den Moment und das, was jetzt gerade wichtig ist?

Wenn dann noch Sorgen und Probleme hinzukommen, dann kann die Leichtigkeit schon mal vergehen. Schnell kommt dann das Gefühl auf, nicht zu genügen, Dinge nicht zu schaffen und nicht gut genug zu sein.

Bitte machen Sie sich immer wieder bewusst: Dinge dürfen leicht gehen. Es muss nicht immer anstrengend sein, und manchmal darf man die sprichwörtlichen „fünfe" gerade sein lassen. Erlauben Sie es sich. Und erlauben Sie sich, auch mal müde und k.o. zu sein. Erlauben Sie sich freie Zeiten und Freiheiten.

Wie können Sie Leichtigkeit in Ihr Leben bekommen?

Übung:
- Welche Dinge sind gerade schwer in Ihrem Leben? Warum ist es schwer?
  Gibt es eine Möglichkeit, hier Leichtigkeit hineinzubekommen? Was könnte Ihnen helfen, dass es leichter geht? Könnte es sinnvoll sein, etwas loszulassen?
- Was in Ihrem Leben geht gerade ganz leicht? Warum geht es leicht? Könnte man etwas von dem, was es leicht macht, auf die schwierige Situation übertragen?

Licht

Von meiner Metapher „Leuchtturm von außen angeleuchtet" oder „Licht von innen" haben Sie nun schon mehrfach gelesen. Ziel ist es, dass Ihr Licht von innen heraus leuchtet, doch das geht meist nicht von heute auf morgen. Von daher möchte ich Ihnen an dieser Stelle eine kleine Notfallübung für schwierige Momente mitgeben:

Übung:
Stellen Sie sich ein Licht in Ihrem Bauchraum oder in Ihrem Brustraum vor. Dieses Licht leuchtet von innen heraus und schützt Sie vor Angriffen von außen. Es sorgt dafür, dass Sie aufrecht stehen und für andere präsent wirken (ähnlich wie bei der Übung mit der Bauchatmung).

Üben Sie es täglich – ein bis zwei Minuten reichen.

Wenn Sie zukünftig in eine schwierige Situation geraten (wenn Sie in einer Diskussion sind, Sie jemand versucht (verbal) anzugreifen oder Sie einfach nur Angst verspüren), dann lassen Sie Ihr Licht von innen heraus leuchten. Stellen Sie sich vor, dass dieses Licht Ihnen nicht nur Ausstrahlung, sondern auch genau die Präsenz gibt, die Sie in dem Moment brauchen. Außerdem schützt dieses Licht Sie! Es ist wie eine zusätzliche Schutzschicht, die um Sie herum gelegt ist. Angriffe jeglicher Art können Sie nicht mehr treffen.

Loslassen

Loslassen – eine der Aufgaben in unserem Leben, mit denen wir immer wieder konfrontiert werden. Wie viel haben Sie schon losgelassen? Freunde, Träume, geliebte Menschen?

Manchmal zwingt uns das Leben dazu, etwas loszulassen, weil es uns genommen wird. Doch wie gehen wir damit um?

Manchmal müssen wir Dinge loslassen, damit etwas Neues in unser Leben kommen kann. Manchmal ist ein Loslassen zwingend erforderlich, um den nächsten Schritt zu gehen oder um auf der Entwicklungsleiter weiter nach oben zu kommen.

Wirklich festhalten können wir nichts im Leben. Alles ist in Bewegung. Dinge und Menschen, die in der aktuellen Lebensphase zu uns gehören, brauchen wir nicht festzuhalten. Sie bleiben freiwillig. Festhalten kann auch unfrei machen. Erinnern Sie sich an den ersten Teil des Buches? Da ging es um das Geld-Zeit-Gefängnis. Je mehr wir Dinge festhalten, umso mehr halten sie auch uns gefangen. Nicht umsonst gibt es den Spruch: Eigentum verpflichtet.

Totale Freiheit wiederum kann auch zur Wurzellosigkeit führen.

Wir Menschen sind unterschiedlich. So gibt es Menschen, die ein Leben in einem ganz starren, festen Rahmen brauchen, um sich sicher und gut zu fühlen, und es gibt Menschen, die brauchen unendlich viel Freiheit und Freiraum. Beides ist richtig und gut, wenn es zu Ihnen passt.

Loslassen erfordert manchmal auch Mut. Wie im ersten Teil des Buches beschrieben, hat es auch manchmal etwas mit dem Thema Geld oder vielmehr mit der Angst vor „nicht genug Geld" zu tun. Aus Angst halten wir fest.

Manchmal müssen wir Träume verändern, um sie realistisch werden zu lassen. Beispiel: Sie möchten als Rollstuhlfahrer an einem Marathon teilnehmen. Wenn es ausgeschlossen ist, dass Sie jemals wieder laufen können, dann können Sie diesen Traum entweder loslassen oder Sie denken um. Ein Festhalten an diesem Traum würde auf Dauer nur unglücklich machen. Umdenken heißt: andere Wege und Lösungen finden. Gibt es vielleicht einen Marathon für Rollstuhlfahrer?

An dieser Stelle möchte ich Ihnen einen schönen Leitsatz mit an die Hand geben:

„Verwandle deine Defizite in Motivation, nicht in Ausreden!"

Übung:
- Was hält Sie gefangen?
- Wollen Sie es loslassen? Wenn ja: Wie kann das gehen? Was wäre die Folge davon?

Wenn Sie losgelassen haben: Wie fühlt es sich an? Wenn Sie sich da nicht hineindenken können, dann gehen Sie zur nächsten Frage über.
- Mal angenommen, Sie gehen heute Abend schlafen und über Nacht kommt ein Zauber über Sie. Während Sie schlafen, lassen Sie „es" los. Sie wachen auf und wissen noch nichts davon. Woran merken Sie, dass Sie losgelassen haben? Was wäre anders?

Bitte halten Sie die Antworten auf diese Fragen schriftlich fest. Es hat eine andere, stärkere Wirkung, wenn Sie sich etwas aufschreiben.

Meditation

Meditation ist ein wunderbarer Weg, um zu sich selbst zu finden. Auch über das Thema Meditation sind schon viele Bücher geschrieben worden.

Doch warum tun sich viele Menschen in der westlichen Welt so schwer damit, in eine Meditation zu gehen?

Ich glaube, hierfür gibt es zwei Gründe:
1. Zeit ist wertvoll und stets zu knapp. Oft kommt das Argument: Wo soll ich mir denn die Zeit noch hernehmen, dann schaffe ich ja irgendetwas anderes nicht mehr. Den Schlaf verkürzen will ich deswegen auch nicht, ich bin ohnehin ständig müde.
2. Die Vorstellung, sich 20, 30 oder noch mehr Minuten irgendwo still hinzusetzen, ist für viele Menschen eine furchtbare Vorstellung. Es ist anstrengend (zumindest in der Vorstellung, denn das Gegenteil ist ja tatsächlich der Fall – es sollte entspannend sein) und es raubt einem die Zeit für andere Dinge (siehe Grund 1). Die Hürde, regelmäßig zu meditieren, scheint unvorstellbar hoch.

Um sich dem Thema Meditation etwas mehr zu nähern, möchte ich Ihnen zwei Einsteiger-Varianten vorstellen. Optimalerweise probieren Sie beide aus.

Übung:

Variante 1:

Fangen Sie mit ganz kurzen Meditationen an. Nehmen Sie sich täglich 5 Minuten Zeit und suchen Sie sich schöne Meditationsmusik bei YouTube. Meine persönlichen Favoriten bei YouTube: „Meditationsmusik Reiki" oder „Meditationsmusik Alphawellen". In diesen 5 Minuten horchen Sie nur auf die Musik, und wenn störende Gedanken

kommen, dann konzentrieren Sie sich auf Ihre Atmung (siehe auch
→ *Bauchatmung*).

Variante 2:
Es gibt bei YouTube tolle geführte Meditationen in jeglicher Länge
(von 5 Minuten bis mehrere Stunden). Eine geführte Meditation
hat zwei Vorteile: Die eigenen Gedanken haben zum einen weniger
Chance, sich in den Vordergrund zu drängen, und zweitens können
Sie wunderbare Botschaften an Ihr Unterbewusstsein senden, zum
Beispiel zum Thema Selbstwertsteigerung. Probieren Sie das mal
aus und geben Sie bei YouTube zum Beispiel ein: „Meditation Selbstbewusstsein", „Meditation Selbstliebe" oder „Meditation Selbstvertrauen". Ihnen werden wunderbare Meditationen vorgeschlagen.

Mut

Über das Thema Mut haben Sie schon einiges in diesem Buch gelesen.

Zur Veränderung gehört immer etwas Mut. Mut und das Vertrauen in
die eigenen Fähigkeiten und darauf, dass alles gut ist, wie es ist bzw. gut
wird.

Mut zu Entscheidungen, Mut zur Veränderung, Mut zum Loslassen. Aber
auch: Mut, zu sich selbst zu stehen, Mut, zu sich selbst „ja!" zu sagen. Die eigenen Werte und den eigenen Wert zu erkennen und seinen Weg zu gehen.

Mut kann aber auch in Übermut umschlagen.

Menschen mit einem gesunden Selbstwertgefühl haben normalerweise
genau die richtige Portion Mut, um genau die Dinge zu tun, die gut für
sie sind oder die gerade dran sind.

Bei Menschen mit einem mangelnden Selbstwertgefühl kann das Thema Mut in zwei ungesunde Richtungen gehen:
  1. Sie haben Angst, also mangelnden Mut. Näheres hierzu: siehe
     → *Angst*.

2. Sie wollen manchmal sich selbst oder auch anderen etwas beweisen. Sie gehen Risiken ein, weil Sie Anerkennung brauchen. Die Risiken können sich in den unterschiedlichsten Varianten zeigen: zu große Anschaffungen (Gefahr der Überschuldung), riskante Investments, teure Unternehmungen (zum Beispiel viel zu teure Restaurants oder Partys, um zu zeigen, dass man dazugehört) bis hin zu Extrem-Sportarten (und zwar nicht, weil man Spaß daran hat, sondern um zu zeigen, wie toll man ist). Schon ein altes Sprichwort sagt aus: Übermut tut selten gut! Wenn Sie zu dieser Variante Mensch gehören, dann kommt hier Ihre Aufgabe:

Übung, wenn Sie sich oder anderen etwas beweisen müssen:
Stellen Sie sich in den nächsten zwei Wochen immer wieder die Fragen: Warum mache ich das gerade? Mache ich es für mich oder mache ich es, um anderen zu imponieren oder um dazuzugehören? Möchte ich das jetzt gerade wirklich? Was würde ich stattdessen lieber tun?

Auch zum Thema Mut gibt es tolle Sprichwörter, wie zum Beispiel: „Dem Mutigen gehört die Welt", „Wer wagt, gewinnt". Doch auch hier: Passen Sie auf, dass Sie nicht zu übermütig werden.

Ein sehr schönes Zitat zu diesem Thema kommt von Theodor Fontane: „Zwischen Hochmut und Demut steht ein drittes, dem das Leben gehört, und das ist der Mut."

Hochmut und Übermut – beides eine Übertreibung. Auch mit Hochmut (oder Arroganz) wird oft ein schlechtes Selbstwertgefühl überspielt. Demut und Dankbarkeit: Was das mit Selbstwert zu tun hat: siehe → *Dankbarkeit* und → *Demut*.

Neues wagen

In diesem Buch ging es immer wieder darum, etwas Neues auszuprobieren, neue Wege zu gehen, Entscheidungen zu treffen und vor allem, anzufangen.

Aus diesem Grund gibt es unter diesem Stichwort nur eine kleine Übung:

Übung:
Heute ist genau der richtige Tag, um etwas Neues zu wagen. Wenn Sie diese Seiten gerade abends lesen, dann lassen Sie den morgigen Tag zu diesem Tag werden – der Tag, an dem Sie etwas Neues ausprobieren.

Unter mehreren der bisherigen Stichpunkte gab es Übungen, in denen Sie sich bereits Gedanken darüber gemacht haben, was und wie Sie etwas verändern können. Der heutige Tag ist der Tag, an dem Sie sich konkret eine – für Sie neue – Sache heraussuchen und daran arbeiten. Heute fangen Sie an, konkret etwas zu verändern. Oder Sie leiten die ersten – für eine Veränderung notwendigen – Dinge in die Wege (zum Beispiel Anmeldung bei einem lang geplanten Workshop). Es darf aber auch etwas Banales sein. Eine Herausforderung sollte es dennoch sein – raus aus der Komfortzone. Wie wäre es beispielsweise, wenn Sie eine für Sie wildfremde Person heute ansprechen und fragen, ob Sie gemeinsam etwas trinken gehen?

Optimismus

„Optimisten wandeln auf den Wolken, unter denen Pessimisten Trübsal blasen." Dieser wunderbare Spruch stammt von Charles Joseph Fürst von Ligne (1735 – 1814) und sagt alles Wichtige aus.

Manche Situationen und Lebensumstände sind eben so, wie sie gerade sind. Doch Sie haben die Wahl, aus welcher Perspektive Sie das Ganze betrachten möchten.

Optimisten leben definitiv mit mehr Freude, Leichtigkeit und Sorgenfreiheit. Damit ist nicht „krampfhaftes positives Denken" gemeint. Wenn Sie etwas ärgert oder Sie traurig sind, dann ist es durchaus wichtig, diese Gefühle auch zuzulassen. Die negativen Gefühle sind wichtig, um auch die positiven Gefühle in voller Intensität spüren zu können. Die Frage ist nur: Wie lange und intensiv lassen Sie die negativen Dinge wirken?

Gehen Sie in die Opfer- und Jammerhaltung? Damit wird es nicht besser. Im Gegenteil, Menschen, die in einer ständigen Opfer- und Negativhaltung leben, ziehen genau diese Dinge auch in ihr Leben bzw. nehmen die Dinge und Ereignisse entsprechend wahr (siehe auch → *Prophezeiung*).

Was sehen Sie? Die Chancen oder die Risiken? Beides sollte gewürdigt werden, doch was ist bei Ihnen stärker ausgeprägt?

Zum Optimismus gehört auch Vertrauen. Vertrauen, dass die Dinge gut sind, wie sie sind, und dass alles seinen Sinn hat.

An dieser Stelle möchte ich noch einmal einen meiner Lieblingssprüche zitieren:
„Am Ende wird alles gut. Und wenn es noch nicht gut ist, ist es noch nicht das Ende." (Oscar Wilde)

Wenn Sie vor schwierigen Situationen und Herausforderungen stehen, wenn Ihnen das Leben wieder einmal Probleme und Lernaufgaben präsentiert, dann lassen Sie durchaus Ihre Gefühle zu. Doch vergessen Sie nie: Alles hat seinen Sinn und seine Bedeutung. Auch, wenn wir es vielleicht erst Jahre später verstehen.

Ich habe Ihnen ein wenig von meiner Lebensgeschichte erzählt. Am Tiefpunkt meiner bisherigen Historie, zum Zeitpunkt, als ich insolvent war, als ich alles Materielle verloren hatte, gleichzeitig sehr krank wurde, wochenlang im Krankenhaus lag und zusätzlich in der gleichen Zeitspanne beide Elternteile und eine andere wichtige Person in meinem Leben verstarben – da war ich komplett in der Opferhaltung. Ich litt! Ich konnte mir nicht vorstellen, welchen Sinn das alles hatte. Ich hätte von „all den schlauen Sprüchen" nichts angenommen, weil ich viel zu sehr mit meinem eigenen Unglück beschäftigt war. Ich fand die Welt ungerecht und war am Boden zerstört.

Und wissen Sie was: Heute – viele Jahre später – bin ich sehr dankbar über all die Erfahrungen. Es hat meinen Blick auf die Welt, auf das Thema Geld und letztendlich auf das Thema Selbstwert massiv verändert. Heute kann ich vielen Menschen helfen. Auch dieses Buch wäre ohne diese Erfahrungen niemals entstanden. Ich wäre noch heute in meinem Geld-Zeit-Gefängnis gefangen und wahrscheinlich sehr unzufrieden.

 Übung:
Wie ist Ihr Blick auf die Welt? Können Sie Probleme als Herausforderung und Lernerfahrung sehen? Dann machen Sie weiter so.

Oder lassen Sie sich von schwierigen Situationen zu sehr runterziehen? Dann probieren Sie Folgendes aus: Wenn Sie das nächste Mal vor einem Problem stehen, dann nennen Sie es ab sofort „Lernerfahrung" oder „Herausforderung". Finden Sie ein bis drei Punkte, warum diese Herausforderung für Sie eine Lernerfahrung ist und was genau Sie daraus lernen können und wollen. Wozu könnte die „Herausforderung" gut sein? Vielleicht zeigt sie Ihnen, dass Sie einen neuen Weg einschlagen sollten, oder Sie lernen zum Beispiel Durchsetzungsfähigkeit.

Bei Verlusten haben wir häufig die Lernerfahrung des Loslassens. Doch immer da, wo etwas geht, kann etwas Neues entstehen. Manchmal tun Verluste unglaublich, unendlich weh. Diese Wunde muss dann erst einmal anfangen zu heilen, bevor etwas Neues kommen kann. Erlauben Sie sich in solchen Fällen auch die Trauer oder Wut. Doch irgendwann wird etwas Neues in Ihr Leben treten und diese Lücke füllen.

Peinlichkeit

Kennen Sie Situationen, die so richtig peinlich sind? Situationen, bei denen Sie am liebsten im Erdboden versinken wollten? Beispiele hierfür hat jeder von uns schon erlebt.

Je besser unser Selbstwertgefühl ist, desto souveräner können wir mit solchen Situationen umgehen. Eine schlagfertige, humorvolle Bemerkung ist oft zielführender als ein peinlich berührtes Wegdrehen oder Überspielen.

Häufig ist eine peinliche Situation für alle Seiten peinlich, denn auch das Gegenüber weiß vielleicht nicht, wie es richtig reagieren soll. Wenn Ihnen also etwas Peinliches passiert, dann machen Sie sich schnell bewusst, dass es für die anderen eventuell ebenfalls eine unbequeme Situation ist.

Humor, also zum Beispiel ein humorvoller Spruch, kann so eine Situation schnell entkrampfen. Humor und Schlagfertigkeit können trainiert werden. Nutzen Sie kleinere Übungsfelder, zum Beispiel im Freundeskreis.

Überlegen Sie sich für den Anfang ein paar „vorgefertigte" Antworten für diverse Fälle, die Sie dann schlagfertig parat haben. Und nach einiger Zeit fallen Ihnen dann spontan auch neue ein.

Prophezeiung

Die sich selbst erfüllende Prophezeiung – haben Sie davon schon einmal gehört?

Sie erwarten, etwas Bestimmtes zu erleben oder zu sehen, und prompt passiert auch genau das, was Sie erwarten. Die Frage ist in diesem Fall: Wie real ist Ihr Erleben? Vielleicht haben Sie Ihren Fokus auf genau dem, was Sie sehen möchten?

Beispiel: Sie liefern eine bestimmte Arbeit bei Ihrem Vorgesetzten ab und erwarten schon im Vorfeld, dass er ohnehin wieder kritisiert. Dann werden Sie irgendwann zu ihm gerufen. Er ist sehr zufrieden mit Ihrer Arbeit, hat aber einen kleinen Verbesserungsvorschlag. Sie gehen in das Gespräch hinein und hören nur den (bereits befürchtet-erwarteten) Verbesserungsvorschlag, den Sie als Kritik werten. Das Lob überhören Sie.

Gerade, wenn das Selbstwertgefühl nicht so gut ist, hören wir gerne nur mit dem Kritik-Ohr. Sie überhören also das Lob und gehen raus mit dem Gedanken: „Wusste ich es doch! Er hat wieder nur kritisiert!" (– denn auf dem Lob-Ohr waren Sie taub). Beim nächsten Mal gehen Sie erneut mit einem unangenehmen Gefühl dorthin – denn der Chef ist ja nur am Kritisieren!

Anderes Beispiel: Sie fühlen sich vielleicht in Gruppen nicht wohl – aus Angst vor Ablehnung. Sie kommen in eine Gruppe hinein und das Gespräch verstummt. Was denken Sie? Menschen mit Selbstzweifeln denken hier schnell, dass über sie gesprochen wurde. Sie sind skeptisch und verhalten sich in dieser Gruppe entsprechend. Die anderen wiederum nehmen nur die Zurückhaltung an Ihnen wahr und wissen gar nicht, warum Sie so sind, wie Sie sind, und ziehen sich ebenfalls von Ihnen zurück oder sind vorsichtig. Und schon bekommen Sie in Ihrer Wahrnehmung die Bestätigung, dass die anderen Sie nicht mögen. Es entsteht eine Handlungskette aufgrund der Interpretation einer Situation – denn letztendlich wissen Sie nicht, warum das Gespräch tatsächlich verstummt ist. Vielleicht war einfach nur das Thema gerade zu Ende oder die anderen Personen waren neugierig auf Sie, weswegen vielleicht das banale Gespräch über das Wetter oder die Parkplatzsituation verstummt ist.

Die sich selbst erfüllende Prophezeiung ist ein Phänomen, das beschreibt, dass wir das wahrnehmen, was wir erwarten wahrzunehmen. Doch die Realität sieht für jeden anders aus. Ein Außenstehender würde diese Situation vielleicht ganz anders wahrnehmen.

Übung:
Wenn Sie das nächste Mal in einer Situation sind bzw. waren, in der Sie meinen von anderen abgelehnt zu werden, nicht anerkannt oder nicht gut genug zu sein, dann gehen Sie wie folgt vor:

- Versetzen Sie sich in die andere Person. Wenn es mehrere Personen sind, dann versetzen Sie sich der Reihe nach in jede einzelne der Personen. Was würde die andere Person zu dieser Situation sagen? Wie nimmt die andere Person Sie und die Situation wahr? Wenn Sie diese andere Person wären, wie würden Sie dann reagieren? Was würden Sie dieser Person raten?
- Als Nächstes versetzen Sie sich in die sogenannte Meta-Ebene. Das bedeutet, Sie schauen sich gedanklich diese Situation einmal von außen (am besten von oben) an. Welchen Eindruck haben Sie von den handelnden Personen? Wie beurteilen Sie die Situation von außen? Was raten Sie den einzelnen Personen (auch sich selbst)?

Durch diesen Perspektivwechsel erhalten Sie wahrscheinlich spannende, neue Impulse und im besten Fall merken Sie, dass das, was Sie als „gegen sich gerichtet" wahrgenommen haben, in Wirklichkeit ganz andere Hintergründe und Ursachen hat.

Quartett

Kennen Sie das Selbstwert-Quartett? Sie haben inzwischen viele Begriffe rund um das Thema Selbstwertgefühl gelesen. Doch wenn ich es auf die vier wichtigsten reduziere, dann bleiben:

Ressourcen-Aktivierung

Wann haben Sie Ihre größten Entwicklungsschritte gemacht? In welchen Situationen haben Sie am meisten gelernt? Waren es die Situationen, in denen Sie den größten Erfolg hatten? Oder ist der Erfolg nicht eher etwas, was er-folgt ist aufgrund dessen, was Sie vorher getan haben?

Die meisten Menschen haben insbesondere in Krisenzeiten oder in schwierigen Situationen besonders viel gelernt. Häufig werden jedoch die negativen Erlebnisse im Gedächtnis gespeichert, ohne die Lerneffekte anzuschauen. Doch gerade in Krisen und schwierigen Situationen kommen unsere Stärken zum Vorschein.

Aus diesem Grunde sollten Sie vergangene Krisen- oder sonstige schwierige Situationen aufschreiben. Ich empfehle hierfür ein eigenes kleines Büchlein – das Ressourcen-Aktivierungsbuch.

Übung:
Erstellen Sie Ihr Ressourcen-Aktivierungsbuch.

Blicken Sie in Ihre Vergangenheit: Welche Krisen und schwierigen Situationen haben Sie bereits überstanden?

Stellen Sie sich dazu folgende Fragen:
- Was habe ich aus der Krise bzw. der Situation gelernt?
- Welche Fähigkeiten oder Stärken von mir haben dafür gesorgt, dass ich diese Situation oder Krise überstanden habe?
- Welche positiven Aspekte könnte diese Situation oder Krise haben?

Diese Fragen dienen zur Stärkenfindung.

Anschließend stellen Sie sich folgende Fragen:
- Was würde ich beim nächsten Mal anders machen?
- Was könnte mir in einer ähnlichen Situation helfen?

Diese Fragen dienen dem Lerneffekt, denn so kann Wachstum entstehen. Sie können das Buch auch mit kleinen Alltagssituationen führen. Je regelmäßiger Sie dies machen, umso bewusster werden Sie sich Ihrer Stärken.

Beispiel für eine Alltagssituation:
Sie haben Streit mit Ihrem Liebsten/mit Ihrer Liebsten. Was ist gut gelaufen? Haben Sie sich vielleicht endlich mal durchgesetzt? Oder haben Sie es geschafft, nachzugeben? Haben Sie sich vielleicht nach dem Streit wieder vertragen und sich in den Arm genommen?

Als Nächstes fragen Sie sich: Was würden Sie beim nächsten Mal anders bzw. schneller machen? So entsteht neben dem Erkennen der eigenen Stärken auch noch Wachstum.

Das Ressourcen-Aktivierungsbuch bedarf am Anfang einiger Übung. Es trainiert das Umdenken. Vielen Menschen fällt es am Anfang schwer, das Positive im Negativen zu sehen.

Manchmal sind es die vermeintlichen Kleinigkeiten, die große Stärken aufzeigen können.

Hierzu ein Beispiel: Jemand hat Ihnen in einer Krise geholfen. Am Anfang haben Sie es als „Schwäche" empfunden, dass Sie Hilfe gebraucht haben. Tatsächlich aber haben Sie vorher irgendetwas dafür getan, dass diese Menschen Ihnen geholfen haben. Warum waren bzw. sind diese Menschen für Sie da? Welche guten Eigenschaften sehen diese Menschen an Ihnen? Sie hätten keine Hilfe erhalten, wenn es nicht irgendetwas gäbe, was diese Menschen an Ihnen ganz besonders schätzen.

Anderes Beispiel: Das Aufstehen aus einer Krise ist allein schon eine Stärke. Welche Ihrer Eigenschaften hat Ihnen geholfen, eine Krise zu überstehen und wieder aufzustehen, weiterzumachen? Gab es etwas, auf das Sie besonders stolz sein können? Ist es vielleicht Ihr Durchhaltevermögen, Ihre Eigenschaft, Dinge positiv zu betrachten, Ihr besonderes Wissen, Ihr Ehrgeiz – was hat Ihnen geholfen? Werden Sie sich Ihrer Stärken bewusst!

Je mehr Fragen Sie sich zu diesen Themen stellen, desto mehr Stärken werden Sie finden.

Ziel des Ressourcen-Aktivierungsbuches: Finden der eigenen Stärken um sie ab diesem Zeitpunkt gezielt zu nutzen.

Durch das Erkennen der Stärken kann das Selbstbewusstsein (nämlich das Bewusstsein über die eigenen Stärken und über den eigenen Wert (= Selbstwert)) nach und nach gesteigert werden. Dadurch steigern Sie auch Ihr Wohlbefinden, weil Sie überzeugender und stärker auftreten können und nicht mehr so schnell an sich selbst und an Ihrem Können zweifeln.

Je überzeugender, präsenter und authentischer Sie auftreten, umso stärker ist Ihre Verhandlungsposition in den verschiedenen Rollen (als Kunde, im Beruf, im Privatleben).

Überzeugungsfähigkeit, Präsenz und Authentizität können Ihnen auch zur nächsten Karrierestufe oder zu Ihrem Wunschjob verhelfen. Wenn Sie Produkte oder Dienstleistungen verkaufen, dann werden Sie durch ein starkes, überzeugendes Auftreten eine wesentlich höhere Abschlussquote erreichen.

Denn: Selbstwert ist Geld wert!

Selbstliebe

Selbstliebe ist die Grundlage für ein gutes Selbstwertgefühl. Leider tun sich damit viele unsichere Menschen sehr schwer. All die Übungen in diesem Buch dienen natürlich der Stärkung des Selbstwertgefühls, gleichzeitig aber auch dem Finden der Liebe zu sich selbst.

Gehen Sie wertschätzend und liebevoll mit sich selbst um. Seien Sie nicht zu hart zu sich selbst und loben Sie sich ab und zu. Machen Sie sich bewusst, dass Sie ein wertvoller und liebenswerter Mensch sind. Die Übungen in diesem Buch sind Möglichkeiten, um die Selbstliebe in sich zu entdecken.

Lernen Sie, sich → *selbstwertvoll* zu fühlen.

Selbstwertvoll

Das ist ein Wort, das Sie so im Lexikon oder Duden nicht finden werden (zumindest bisher noch nicht). Das Wort drückt so viel aus. Sie sind wertvoll! Bitte vergessen Sie nie: Sie sind genau richtig, so, wie Sie sind. Werden Sie sich Ihres eigenen Wertes bewusst.

Das Gefühl, selbstwertvoll zu sein, ist ein ganz wunderbares.

Mit einem gesunden Selbstwertgefühl wird sich auch das Gefühl, „selbstwertvoll" zu sein, automatisch einstellen.

Standpunkt

Seinen eigenen Standpunkt haben und vertreten – das hat ebenfalls etwas mit Selbstvertrauen und Selbstwertgefühl zu tun. Erlauben Sie sich, Ihre Meinung und Ihren Standpunkt zu vertreten – egal, wie die Meinung der anderen dazu ist. Dazu gehört auch das Vertrauen zu sich selbst und die Erlaubnis, Ihren eigenen Standpunkt haben zu dürfen.

Doch bedenken Sie: Ein (Stand-)Punkt ist im wörtlichen Sinne nur ein einzelner Punkt. Manchmal gibt es mehrere Sichtweisen der Dinge und dann ist es ebenfalls eine Stärke, seinen Standpunkt zu verändern und nicht auf etwas zu bestehen oder zu beharren – nur aus Prinzip.

Vielleicht wäre das Wort „Standraum" sinnvoller – es bietet die Möglichkeit, flexibler zu reagieren und sein Meinungsspektrum zu erweitern.

Sie stehen definitiv flexibler und fester, wenn Sie nicht nur fest auf einem Punkt bleiben, sondern Bewegungsraum haben. Probieren Sie mal Ihren Stand aus, wenn Sie auf einer kleinen Stelle (einem Punkt) stehen bleiben und jemand schubst Sie. Anschließend probieren Sie das Gleiche mit einem etwas erweiterten Raum aus, wo Sie eventuell sogar breitbeinig stehen können. Wann haben Sie mehr Sicherheit und mehr Standfestigkeit?

Stärken

Die eigenen Stärken finden – darüber haben Sie in diesem Buch schon viel gelesen. Haben Sie schon einmal darüber nachgedacht, dass Schwächen vielleicht sogar übertriebene Stärken sind?

Beispiele:
Geiz: ist vielleicht nur die Übertreibung von Sparsamkeit
Verschwendung: ist vielleicht nur die Übertreibung von Großzügigkeit
„Chaos": Viele chaotische Menschen sind sehr kreativ. Durch die vielen kreativen Gedanken kann es chaotisch wirken oder auch sein. Das Chaos ist eventuell die Übertreibung von Kreativität.

„Pedanterie": Menschen, die pedantisch ordentlich sind, übertreiben vielleicht nur die Stärken „Ordnung" und „Struktur".

Wieder einmal ist es ein Thema der Sichtweise und Betrachtung.

Übung:
Gibt es Eigenschaften, die Sie an sich selbst ablehnen oder von denen Sie das Gefühl haben, dass sie Schwächen sind?

Welche Stärken stecken hinter diesen vermeintlichen Schwächen? Was können Sie besonders gut? Welche Stärke übertreiben Sie? Wie könnten Sie diese Übertreibung zukünftig verändern? Sehen Sie die Stärke in Ihrer Schwäche!

Durch diese Übung können Sie Ihre Stärken stärken und Ihre Schwächen schwächen.
Finden Sie Ihre Stärken!

Trotzdem

Auf jedem Weg befinden sich auch mal Hindernisse. Hierzu gibt es einen schönen Spruch von Johann Wolfgang von Goethe: „Auch aus Steinen, die einem in den Weg gelegt werden, kann man etwas Schönes bauen."

Manche Start- oder Lebenssituationen sind alles andere als vorteilhaft oder positiv. Doch oft ist es das „Trotzdem", das die Menschen an ihr Ziel gebracht hat.

Das „Trotzdem" kann eine sehr große Kraft sein, aber es erfordert auch Mut und Stärke.

Doch auch das „Trotzdem" hat seine Kehrseite. Wie alles, kann auch das „Trotzdem" übertrieben werden. Wenn ein Weg zu steinig und zu schwer ist, dann ist es vielleicht nicht der richtige, dann ist irgendetwas nicht „im Flow".

Die große Kunst ist es, zu erkennen, wann es sich lohnt, einen Weg weiterzugehen. Wie groß ist der Traum, der Wunsch? Welchen Preis sind Sie bereit zu zahlen? Wie viel möchten Sie einsetzen? Über wie viele Hürden können Sie gehen, ohne sich oder andere zu überfordern?

Ein „Trotzdem" ist für Ziele ausgesprochen förderlich. Es ist eine Kombination aus optimistischer Grundhaltung und Trotz – Trotz gegen die Widerstände und Schwierigkeiten, die es zu überwinden gilt. Das „Trotzdem" kann eine große Energiequelle sein. Leider macht das „Trotzdem" manchmal blind und einsam. Blind für alternative Wege, blind dafür, vielleicht einen falschen Weg zu gehen. Es kann einsam machen, wenn durch das „Trotzdem" andere Menschen zurückbleiben und nur noch der eigene Weg zählt.

Trotzen Sie eventuellen äußeren Umständen. Gehen Sie Ihren Weg – trotz eventueller Widerstände und den Worten von anderen, dass etwas vielleicht nicht gehen wird. Andere Menschen haben ihre eigene Sicht auf die Dinge (aus der eigenen Welt und aus den eigenen Erlebnissen heraus), und nicht jeder ist vielleicht so mutig wie Sie.

Doch bleiben Sie auch sensibel und erlauben Sie sich, einen anderen Weg zu gehen, wenn es zu schwierig wird. Manches große Ziel wurde nur durch Umwege erreicht.

Übung:
- Mit welchen Widerständen und ungünstigen Situationen haben Sie es gerade zu tun?
- Möchten Sie diesen Dingen trotzen und trotzdem weitermachen?
- Was könnte den Weg erleichtern?

Umdenken

Ein wenig Wiederholung: Das Verändern der Gedanken verändert unser Leben. Alles fängt mit einem Gedanken, einer Idee an.

Zum Umdenken gehört auch das Umdeuten. Welche Bedeutung gebe ich einer Situation oder einem Ereignis? Wie gehe ich damit um? Was kann ich daraus lernen? Welche andere Möglichkeit gibt es, die Situation, das Ereignis oder einen anderen Menschen zu sehen? Welche anderen Wahrheiten könnte es geben?

Ist meine Wahrnehmung und Meinung die einzig richtige? Ist sie real? Oder gibt es noch andere Wahrnehmungs- und Interpretationsmöglichkeiten? Wie kann ich es anders sehen? Welche Perspektive könnte ich einnehmen?

Unterbewusstsein

Das Unterbewusstsein ist stark. Wenn Selbstzweifel tief im Unterbewusstsein festsitzen, dann ist es manchmal eine lange und zum Teil langsame Prozessarbeit, diese zu lösen. Im Kapitel „Innen wie außen, außen wie innen" habe ich schon einiges zu diesem Thema geschrieben, was ich an dieser Stelle nicht wiederholen möchte.

Hier jedoch eine Bitte: Seien Sie geduldig. Erwarten Sie keine Wunder über Nacht. Wunder können geschehen, doch manchmal dauern sie etwas länger.

Mit konsequenter Prozessarbeit und mithilfe der Übungen wird sich Ihr Selbstwertgefühl und damit Ihr Lebensgefühl nach und nach von innen heraus verbessern.

Urteil

Beurteilen und Verurteilen liegen manches Mal dicht beieinander. Wie urteilen Sie über sich selbst und/oder über andere?

Kennen Sie Menschen, die andere Menschen in einer Tour be- oder verurteilen? Sie stellen sich gedanklich ständig über diese Menschen. Man nennt es auch lästern.

Machen wir uns nichts vor: Lästern macht so manches Mal Spaß. Und solange es auf einem harmlosen Niveau bleibt, ist es auch durchaus erlaubt. Schließlich sind wir Menschen, und ich halte das für menschlich. Was meine ich mit harmlosem Lästern? Beispiele: Sie sitzen in einem Lokal und amüsieren sich über den Kleidungsstil von anderen Personen, die auf der Straße spazieren gehen. Sie kennen diese Menschen nicht, sie tun diesen Menschen nicht weh und über Geschmack lässt sich bekanntlich streiten. Oder Sie sehen, dass vier Menschen an einem Tisch sitzen und dass sich – statt miteinander – jeder nur mit seinem eigenen Smartphone beschäftigt. Sie beobachten das Verhalten aus Ihrer eigenen Weltsicht heraus (die anderen amüsieren sich vielleicht genauso über Sie, weil Sie vielleicht in deren Augen zu spießig aussehen oder zu bunt).

Es gibt aber auch Menschen, die ständig und andauernd das Verhalten von allen anderen – vor allem auch von Freunden und nahestehenden Personen – kritisieren. Das kann ein Zeichen von mangelndem Selbstwertgefühl sein, denn wenn ich das Verhalten oder sogar die ganze Person abwerte, werte ich mich gleichzeitig auf. Das stärkt das Selbstwertgefühl – doch nur vermeintlich, denn es ist wieder nur ein Selbstwertgefühl, das von außen aufgebaut wird: durch das Abwerten von anderen Personen.

Ein weiterer Aspekt zum Thema Urteil ist das Urteil über sich selbst: Wie denken Sie über sich – im Allgemeinen, dann, wenn etwas nicht optimal gelaufen ist, und dann, wenn etwas richtig gut gewesen ist?

Meist sind wir selbst unser größter Kritiker. Wie oft loben Sie sich selbst? Wie wertschätzend gehen Sie mit sich selbst um?

Übung:

- Achten Sie in den nächsten drei Tagen auf Ihren inneren Dialog. Wie sprechen Sie mit sich selbst? Wie urteilen Sie über sich selbst: wertend, bewertend, abwertend? Oder wertschätzend? Wie liebevoll gehen Sie mit sich selbst um? Gehen Sie in den nächsten Tagen bewusst wertschätzend mit sich selbst um!

- Wie denken Sie über andere Menschen? Wie (be-)urteilen Sie? Ist Ihr Urteil wertend, bewertend, abwertend oder ist es wertschätzend? Sollte es nicht wertschätzend sein, dann versuchen Sie, etwas Gutes an der Person zu finden, etwas, was Sie vielleicht sogar für sich selbst übernehmen würden. Versuchen Sie, bewusst wertschätzend anderen Menschen gegenüber zu sein. Auch Verbesserungsvorschläge sollten stets wertschätzend sein.

Vergleich

Der Vergleich mit anderen Menschen kann motivieren oder unglücklich machen.

Wann macht ein Vergleich unglücklich? Immer dann, wenn die Chance, den Status oder die Situation des anderen auch zu erreichen, nahezu unmöglich ist – dann kann ein Vergleich sehr unglücklich machen.

Beispiele: Sie haben den Traum von ewiger Jugend. Sie sind vielleicht schon in den Vierzigern oder Fünfzigern und vergleichen sich mit einem oder einer Zwanzigjährigen – vielleicht vom Aussehen oder von der Leistungsfähigkeit her. Oder Sie gehören zu den Personen, die neidvoll auf die „Schönen und Reichen" schauen. Vielleicht sind Sie derzeit in einer Lebenssituation, in der Sie (noch) keine Ahnung haben, wie Sie zu diesen hinkommen. Wenn Sie sich dann mit diesen Menschen und deren Wohlstand vergleichen, kann es sehr unglücklich machen, vor allem, wenn Sie das Gefühl der Ungerechtigkeit oder vielleicht sogar Missgunst empfinden.

Doch vielleicht motivieren Sie solche Vergleiche auch? Wenn Sie Ideen haben, wie Sie auch in den Kreis der Schönen und Reichen kommen oder wie Sie sich körperlich und geistig fit halten (und auch die realistischen Möglichkeiten dafür), dann kann ein Vergleich stark motivieren. Dann geht es in Richtung Ziele.

Sich mit Besseren zu vergleichen hat seine Pro- und seine Kontra-Seiten. Als Motivation zur Zielerreichung ist es gut und sinnvoll. Doch es muss realistisch bleiben.

Vergleichen nur um des Vergleiches willen macht oft unglücklich – vor allem, wenn ich sehr weit davon entfernt bin.

Vergleichen, um mich zu motivieren und um neue Ziele zu erreichen, ist sinnvoll und empfehlenswert.

Vertrauen

Ein bekanntes Sprichwort sagt: „Vertrauen ist gut, Kontrolle ist besser." Das stimmt vielleicht in dem einen oder anderen Bereich, für das Thema Selbstwert ist dieser Spruch jedenfalls wenig zielführend.

Vertrauen ist der Anfang von allem. Dazu gehört Vertrauen in die eigenen Fähigkeiten und Vertrauen in die Gegenwart und Zukunft.

Was ist eigentlich das Gegenteil von Vertrauen? Ist es Misstrauen? Ist es Angst? Ist es Kontrolle?

Angst und Misstrauen sind schlechte Unterstützer beim Thema Selbstvertrauen. Kontrolle ist durchaus in vielen Bereichen gut und sinnvoll, deswegen würde ich das obige Sprichwort gerne umdrehen: „Kontrolle ist gut,

Vertrauen ist besser". Ein wenig Kontrolle schützt vor blindem Vertrauen und damit vor Naivität. Ich kenne Menschen, die haben ein so großes Urvertrauen in das Universum (oder in was auch immer), dass man von ihnen ständig hört: „Das Universum wird schon liefern. Ich wünsche mir einfach mal das eine oder andere, und dann wird das auch so kommen."

So funktioniert die Welt leider nicht. Ein bisschen was müssen wir für unseren Veränderungsprozess und unsere Entwicklung schon tun. Auf der Couch zu sitzen und das Universum zu bitten, reicht nicht.

Verstehen Sie mich nicht falsch. Es gibt viele tolle Bücher zu diesem Thema, zwei der sehr bekannten Bücher sind „Bestellungen beim Universum: Ein Handbuch zur Wunscherfüllung" von Bärbel Mohr oder „The Secret – Das Geheimnis" von Rhonda Byrne und Karl Friedrich Hörner. Und diese Bücher (vor allem die Inhalte) haben ihre absolute Berechtigung und funktionieren auch in vielen Bereichen.

Das Geheimnis ist die richtige Mischung aus Aktivität (um die Dinge in die richtige Richtung zu lenken), aus dem Ziele-Bewusstsein (was möchte ich wirklich?), aus der Überzeugung, dass das, was ich mir wünsche, auch gut für mich ist (auch vom Unterbewusstsein her), und aus dem Vertrauen darauf, dass sich dann alles fügen wird.

Doch das wichtigste Vertrauen ist das Vertrauen in uns selbst.

Ich möchte an dieser Stelle eine provokante Frage stellen: Wenn Sie sich selbst nicht vertrauen, wenn Sie Ihren eigenen Fähigkeiten, Ihrem Können, Ihrem Auftreten nicht vertrauen, wie sollen Ihnen dann andere vertrauen?

Natürlich ist es auch ein Wechselspiel: Je mehr positives Feedback ein Mensch bekommt, desto mehr vertraut er sich selbst und seinem Können. Unsicherheiten – vor allem in neuen Situationen und neuen Herausforderungen – sind weitestgehend normal. Die Frage ist nur: Wie stark ist die Unsicherheit? Hat sie Macht über Sie?

Manchmal ist dieses „Unsicherheitsgefühl" in Wirklichkeit auch eine Mischung aus Vorfreude, Angst vor dem Versagen, Aufregung und Anspannung. Im Theater nennen wir das Lampenfieber. Das kann auch eine sehr schöne Energie sein und einen weit bringen. Wie wäre es denn, wenn wir dieses Gefühl in solchen Momenten einfach umdeuten? Es für uns als „Motor der Vorfreude" definieren? Vielleicht können wir es sogar als Gefühl definieren, das uns daran erinnert, dass wir einfach vertrauen dürfen?

Eines ist klar: Egal, was passiert – das Leben geht in der Regel weiter.

Übung:

Wenn Sie das nächste Mal vor einer Herausforderung stehen (ein schwieriges Kunden- oder Mitarbeitergespräch, das Gespräch mit dem Chef, der Moment, bevor Sie auf eine Bühne gehen müssen bzw. dürfen, ein Trennungsgespräch, ein Gehaltsverhandlungsgespräch etc.), dann versuchen Sie, ins Vertrauen zu gehen. Wie kann das gehen? Es funktioniert mit dem richtigen Mindset

Was meine ich mit „Mindset"? Es ist die Art und Weise, wie Sie denken. Wie ist Ihre innere Haltung bzw. Ihre innere Einstellung zu dem Thema? Muss es unbedingt funktionieren? Ein „Muss" baut viel innere Spannung auf. Oder darf es auch schiefgehen? Dürfen Sie Fehler machen (geben Sie sich selbst die Erlaubnis, Fehler zu machen)? Erlauben Sie es sich, scheitern zu dürfen! Denn vielleicht zeigt Ihnen ein Scheitern einen neuen Weg auf. Vielleicht ist der eingeschlagene Weg gar nicht der richtige?

Wenn jedoch der Weg, den Sie gerade gehen, der richtige für Sie ist, dann wird es auch funktionieren – darauf sollten Sie vertrauen, vorausgesetzt, Sie haben sich auch entsprechend darauf vorbereitet (Beispiel: Total unvorbereitet in eine Prüfung zu gehen und nur zu vertrauen wäre naiv. Wenn Sie sich jedoch optimal vorbereitet haben, dann dürfen Sie auch darauf vertrauen, dass Ihnen das Wissen im richtigen Moment zur Verfügung steht. Ängste würden in diesem Fall blockieren.).

Hilfestellung zum richtigen Mindset:

- Was wäre das Schlimmste, was passieren kann? Und dann? Und dann? Und dann? Was würde passieren? Wäre es wirklich so schlimm?
- Was wäre das Beste, was Ihnen passieren kann? Wie fühlt es sich an? Wo spüren Sie es? Was würde sich verändern?
- Das Hier und Jetzt ist entscheidend. Sie geben heute, hier und jetzt, die beste Performance ab, die Sie in diesem Moment leisten können. Ein „hätte, könnte, würde" ist in diesem Moment nicht zielführend. Sie sind in diesem Moment die beste Version Ihrer selbst.
- Egal, was passiert – es ebnet den Weg zur nächsten Stufe.

Visionen

Wie sieht Ihr Leben in einem Jahr aus, in zwei Jahren, in fünf oder in zehn Jahren? Was sind Ihre Ziele, Pläne, Träume?

Können Sie gut visualisieren? Dann malen Sie sich in Gedanken Ihr Zukunftsbild. Schauen Sie sich alle Details an: Wie sieht es aus? Welche Farben, welche Größen, welche Personen, welches Umfeld? Je stärker das Bild ist, umso besser. Mit unseren Gedanken und Bildern ziehen wir uns die Dinge in unser Leben.

Sie können auch ein Bild malen oder sich eine Visions-Collage machen. Für weniger künstlerisch begabte Menschen und diejenigen, die schlecht visualisieren können, oder als Ergänzung zu den Bildern kann es auch ein handschriftlich geführtes Visions-Buch sein.

 **Übung:**
Welche der vier folgenden Übungen für Sie die richtige ist, hängt von Ihnen und Ihrer Veranlagung ab. Optimal ist es, alle Übungen durchzuführen, damit Ihre Vision auf mehreren Ebenen in Ihr Unterbewusstsein eindringen kann und Sie Ihr Unterbewusstsein automatisch zu den richtigen Entscheidungen führt.

1. Visualisierung: Gehen Sie in eine Meditation. In der Meditation lassen Sie vor Ihrem inneren Auge das Bild Ihrer Zukunft ent-

stehen. Seien Sie möglichst konkret. Lassen Sie vor Ihrem inneren Auge zum Beispiel eine Jahreszahl erscheinen: Wo sind Sie dann? Von welchen Menschen sind Sie umgeben? Sind Sie mittendrin oder sehen Sie sich das Bild von außen an? Wie bunt ist Ihr Bild? Wie groß oder klein ist es?

2. Malen Sie ein Bild – ein Visions-Bild. Auch hier gilt: Seien Sie möglichst konkret (siehe Übung 1).

3. Erstellen Sie eine Visions-Collage. Für eine solche Collage schneiden Sie sich beispielsweise aus Prospekten, Zeitschriften, Werbebroschüren etc. Bilder oder Worte aus, die zu Ihrer Vision passen. Nun basteln Sie hieraus ein tolles Bild. Sie kleben die Bilder und Schnipsel so zusammen, dass es ein schönes, für Sie stimmiges Gesamtbild ergibt.

4. Erstellen Sie ein Visions-(Tage-)Buch. Schreiben Sie – möglichst konkret – Ihre Wünsche auf. Was möchten Sie wann bzw. bis wann erreichen bzw. erreicht haben? Bitte seien Sie wirklich konkret. Wenn Sie sich beispielsweise einen Partner wünschen, dann schreiben Sie auf, wie er sein soll. Welche Charaktereigenschaften hat er? Was mag er? Vielleicht auch: Wie soll er aussehen? Denken Sie auch an so Details wie „er ist gesund" etc. Sie dürfen hier so richtig träumen und sich Ihren Traumpartner kreieren. In gleicher Art und Weise können Sie sich auch Ihre Wunsch-Wohnung, Ihren Traumjob oder andere Dinge aufschreiben.

Danach legen Sie das Büchlein zur Seite und lassen sich überraschen, was vielleicht in den nächsten Wochen und Monaten passiert. Wenn Sie es irgendwann wieder in die Hand nehmen, werden Sie sicherlich überrascht sein, was davon alles in Erfüllung gegangen ist.

Warum sollten Sie das Buch aus der Hand legen? Das hat etwas mit loslassen und vertrauen zu tun. Wenn Sie zu krampfhaft etwas wollen, kann es das Gegenteil bewirken. Werden Sie sich über Ihre Visionen klar, schreiben Sie sie konkret auf und dann lassen Sie los. Vertrauen Sie darauf, dass alles in höchster und bester Weise zu Ihnen kommt.

Wert und Werte

Welche Werte leben Sie? Welche Werte sind Ihnen wichtig?

Wert und Werte – beides bestimmt unser Denken, Fühlen und Handeln. Über das Thema „Wert" – Selbstwert – haben Sie in diesem Buch bereits viel gelesen. Das Thema „Werte" ist ebenfalls wichtig.

Werte können je nach Kontext unterschiedlich sein – so können im Privatleben vielleicht andere Werte unser Denken und Handeln beeinflussen als im Berufsleben.

Ein weiterer interessanter Aspekt ist, welche Werte Ihnen in der Kommunikation und/oder im Zusammensein mit anderen wichtig sind.

Jeder Mensch hat bestimmte Grundwerte, nach denen er lebt – unabhängig vom Kontext. Werte sind natürlich von Mensch zu Mensch unterschiedlich und manche verändern sich auch mal je nach Kontext und (Lebens-)Situation.

Mögliches Beispiel: Für jemanden, dem Loyalität sehr wichtig ist, macht es keinen Unterschied, wo und in welchem Zusammenhang er diesen Wert auslebt – er lebt diesen Wert wahrscheinlich sowohl im Privat- als auch im Berufsleben. Ihm ist es wichtig, als loyaler Mensch gesehen zu werden.

Beim Wert „Treue" kann das durchaus anders sein. Nur, weil ich einem (Lebens-) Partner vielleicht ein Leben lang treu sein möchte, heißt das noch lange nicht, dass ich gleichzeitig auch meinem Arbeitgeber ein Leben lang die Treue halte und dort bleibe.

Es gibt auch Werte, die durchaus variabel in der Auslebung sind. An dieser Stelle möchte ich den Wert „Ehrlichkeit" nennen. Wie ehrlich sind wir wirklich? Kein Mensch kann immer und jederzeit zu 100 Prozent ehrlich sein. Das wäre sozial unverträglich und für die anderen Menschen auch unerträglich. Stellen Sie sich mal vor, Sie erzählen jedem Menschen, egal ob Partner, Freund, Kollege, Chef, Kunde, jederzeit die volle Wahrheit über das, was Sie gerade denken oder fühlen ... Oder stellen Sie sich mal einen Mitarbeiter im Vertrieb vor. Wenn dieser Mitarbeiter zu 100 Prozent ehrlich seinem Kunden gegenüber wäre, dann müsste er auch alle Konkurrenz-Produkte mit Pro und Kontra im Vergleich zum eigenen Produkt aufzeigen. Wie realistisch ist das?

Sich über seine eigenen Werte im Klaren zu sein und auch darüber, dass andere Menschen vielleicht andere Werte leben, hilft in der Interaktion mit anderen Menschen. Sobald mir bewusst wird, welche Werte ich selbst lebe und mit welchen Menschen ich zusammen sein oder zusammen arbeiten möchte (vom Wertesystem her), werden sich viele Konflikte fast schon wie von selbst lösen.

Übung:
- Welche Werte sind Ihnen in der Interaktion mit anderen Menschen im Privatleben (ohne engste Familienangehörige) wichtig?
  a) Welches sind Ihre eigenen Werte?
  b) Welche Werte würden Sie gerne bei den anderen sehen?

- Welche Werte sind Ihnen in der Interaktion im engsten Familienkreis (Partner, Kindern, Eltern) wichtig?
  a) Welches sind Ihre eigenen Werte?
  b) Welche Werte würden Sie gerne bei den anderen sehen?

- Welche Werte sind Ihnen in der Interaktion mit anderen Menschen im Berufsleben wichtig?
  a) Welches sind Ihre eigenen Werte?
  b) Welche Werte würden Sie gerne bei Ihren Kollegen, Vorgesetzten, Kunden etc. sehen?

Wenn Sie diese drei Fragen beantwortet haben:
- Welche Werte tauchen immer wieder auf?
- Welche von den genannten Werten sind die drei wichtigsten für Sie?

Xerografie

Xerografie bezeichnet die Technik, mit der Fotokopierer arbeiten. Was hat das Ganze mit dem Thema Selbstwert zu tun, außer, dass ich einen interessanten Begriff für den Buchstaben „X" gefunden habe?

Erlauben Sie sich, Sie selbst zu sein. Mit all Ihren Macken, Defiziten, Handicaps und Unsicherheiten. Wie schon mehrfach geschrieben: Sie sind genau richtig, so, wie Sie sind, und Sie dürfen genau so sein, wie Sie sind.

Machen Sie sich immer wieder bewusst, dass Sie Ihre eigenen Werte, Ziele, Pläne und Wünsche leben dürfen. Die Erwartungen der anderen brauchen Sie nur dann zu erfüllen, wenn es auch mit Ihren Erwartungen an sich selbst übereinstimmt.

Vor allem: Sie brauchen keine Kopie von irgendwem zu sein. Originale sind immer schöner und wertvoller! Eine Kopie kann niemals so gut sein wie das Original.

Von daher: Leben Sie Ihre eigene Individualität. Alle anderen gibt es schon, und Kopien sind nicht erwünscht.

Yin und Yang

Ying und Yang kommen aus der chinesischen Philosophie. „Yin" steht für das Weibliche, die Ruhe, das Dunkle. „Yang" steht für das Männliche, das Aktive und das Helle.

Yin und Yang stehen für gegensätzliche Dinge, die sich aufeinander beziehen und voneinander abhängen. Das eine geht nicht ohne das andere. Das eine kann nicht ohne das andere existieren.

Wir leben in einer Welt der Polarität. Es gibt (fast) immer zwei Pole. An den Polen sind die Extreme. Irgendwo dazwischen, vielleicht in der Mitte, ist die „Normalität". Doch wer bestimmt eigentlich, was „normal" ist? Und wie normal möchten Sie sein?

Allein dieses Thema füllt ein ganzes Buch.

Was hat das mit dem Thema Selbstwert zu tun?

Finden Sie Ihren Weg. Es gibt kein pauschales „Gut" oder „Schlecht" und kein pauschales „Schwarz" oder „Weiß". Sie haben viele Beispiele dazu in diesem Buch gelesen. Der beste Weg ist, wenn Sie ein bisschen was von beiden Polen haben und leben (Beispiel: Vertrauen – Kontrolle, Festhalten – Loslassen, Freiheit – Sicherheit etc.). Je nach Situation kann der eine Pol oder der andere Pol überwiegen. Und das ist auch gut so.

Zeit

Zeit ist relativ. Alles braucht seine Zeit.

Vielleicht erinnern Sie sich an den Beginn des Buches: Geld und Zeit – beides ist messbar, doch beides hat für jeden einen anderen Wert.

Auch das Entstehen eines gesunden Selbstwertgefühls braucht seine Zeit – bei dem einen geht es schneller, bei dem anderen braucht es vielleicht viele Monate oder sogar ein paar Jahre. Aber alles ist schaffbar und erreichbar – Schritt für Schritt.

Es darf schnell gehen, doch werden Sie bitte nicht ungeduldig, wenn es genau die Zeit dauert, die es benötigt. Ein Selbstwertgefühl von außen kann recht schnell aufgebaut werden – dafür gibt es tolle Methoden und sehr gute Motivationstrainer. Doch das Innen muss folgen, damit das im Außen Aufgebaute bleiben darf, bleiben kann und natürlich auch bleibt!

Der Aufbau eines guten Selbstwertgefühls ist die ausgewogene Mischung aus positiven Erlebnissen, Feedback und Anerkennung von außen, das Erkennen der eigenen Stärken und des eigenen Wertes im Innen und das Vertrauen zu sich selbst.

Es kommt der Tag, da werden auch Sie vollkommen davon überzeugt sein, dass das, was Sie sind und was Sie tun, genau richtig ist! Egal, was das Außen sagt, und unabhängig von den äußeren Umständen.

Das ist der Moment, in dem Sie Heimat in sich selbst gefunden haben. Und das fühlt sich gut an!

Ziele

Ziele sind – im Gegensatz zu Visionen – konkrete Einzelschritte. Eine Vision ist das Große, Ganze. Ein Ziel ist eine bestimmte Etappe eines Weges.

Wie gehen Sie bisher mit Zielen um?

Die meisten Menschen nehmen sich etwas vor, was sie bis zu einem bestimmten Zeitpunkt erreicht haben wollen. Doch wie oft kommen dann Gedanken wie: „Dafür habe ich (noch) keine Zeit", „Dafür ist nicht genug Geld da", „Die Lebensumstände sind dafür gerade nicht optimal", „Ich kenne nicht die richtigen Personen", „Das schaffe ich sowieso nicht", „Das Wetter ist zu schlecht", ...

Kennen Sie solche Gedanken?

Mit einem kleinen Trick können Sie Ihr Gehirn überlisten – weg vom Hindernis-Sehen, hin zur Lösungsorientierung.

Versetzen Sie sich gedanklich in die Zukunft, vielleicht ein Jahr, vielleicht zwei Jahre oder auch nur sechs Monate. Nun tun Sie so, als ob Sie bereits an Ihrem Ziel angekommen sind. Am besten machen Sie das schriftlich. Sie schreiben das Datum auf (und zwar das Datum in der Zukunft). Sie sind gedanklich an diesem Tag angekommen und Sie tun so, als ob Sie alles das, was Sie erreichen möchten, bis zu diesem Tag bereits erreicht haben.

Schreiben Sie in der Gegenwartsform, zum Beispiel:

Heute ist der 15.03.20XX. Ich bin xxx, ich mache xxx, ich habe xxx.

Wenn Sie all das aufgeschrieben haben, was für diesen Tag in der Zukunft relevant ist, dann schauen Sie zurück: Wie haben Sie das geschafft? Welchen Weg sind Sie wie und wann gegangen? Was hat sich in welcher Reihenfolge ergeben? Was war der erste Schritt? Wie haben Sie angefangen, wer hat Ihnen geholfen, was ist auf der Reise zu Ihrem Ziel passiert?

Wenn Sie von heute in die Zukunft schauen, dann ist das so, als ob Sie am Fuße eines Berges stehen und nach oben blicken. Sie sehen die Hindernisse und Schwierigkeiten. (vgl. auch → *Berg*)

Wenn Sie sich in die Zukunft versetzen und zurückschauen, dann ist das so, als wenn Sie auf dem Gipfel des Berges stehen und nach unten blicken. Rückwirkend betrachtet sehen Wege immer einfacher aus und Sie tragen alle Lösungen bereits in sich. Sie können Ihren Weg dann ganz klar sehen.

Außerdem hat man vom Gipfel des Berges einen viel größeren Weit- und Überblick. Im NLP nennt man diese Technik übrigens „Future Pacing".

Zuletzt

Sie haben in diesem Buch viele Übungen, Möglichkeiten und Denkanstöße kennengelernt. Nicht jede Übung, nicht jeder Gedanke passt zu jedem Menschen.

Mein Ziel war es, Ihnen eine Art „Buffet" anzubieten. Picken Sie sich Ihre Leckerbissen heraus! Probieren Sie aus, experimentieren Sie und seien Sie mutig – aber bitte immer nur in dem Maße, wie Sie sich damit wohlfühlen.

Denken Sie bitte immer daran: Alles beginnt mit dem ersten Schritt! Und es darf auch langsam gehen. Ein afrikanisches Sprichwort besagt: „Das Gras wächst nicht schneller, wenn man daran zieht!" Alles braucht seine Zeit. Jeder hat sein eigenes Tempo – und das ist auch gut so.

Einen letzten – liebevoll gemeinten – Leitsatz möchte ich Ihnen nochmals mit auf den Weg geben:

„Verwandle Deine Defizite in Motivation – nicht in Ausreden! Finde Deine Stärke!"

Lassen Sie Ihr Licht wie bei einem Leuchtturm von innen heraus leuchten!

Über Daniela Landgraf

 Daniela Landgraf verbindet als Expertin für das Thema Selbstwert und Geld zwei wichtige Themenbereiche miteinander: Sie kann zum einen auf mehr als 25 Jahre Praxiserfahrung als Beraterin, Trainerin und Autorin in der Finanzbrache zurückblicken und hat zum anderen ein fundiertes Wissen durch die ungewöhnliche Kombination aus verschiedenen Studiengängen.

So ist sie auf der einen Seite Fachwirtin für Finanzberatung (IHK) und Betriebswirtin (HWK) und auf der anderen Seite Coach (IHK), Trainerin (IHK) und Heilpraktikerin für Psychotherapie. Ihre Leidenschaft ist der Mensch als Ganzes, sein Selbstwert, seine Art der Kommunikation und der Mensch als Teilnehmer im Geldsystem. Die Themen Selbstwert und Geldwert sind für sie eng miteinander verknüpft. Seit 12 Jahren arbeitet sie für „Going Public", die Akademie für Finanzberatung.

Dank ihrer Hilfe haben schon Tausende von Menschen in Umbruchphasen ihren nächsten Schritt gewagt – privat und geschäftlich – und damit ein glücklicheres und erfüllteres Leben erreicht.

Kontakt
Daniela Landgraf
DanielaLandgraf.com, dl@danielalandgraf.com

Das Seminar „Selbstwert ist Geld wert"

Ein gesundes Selbstwertgefühl bei Führungskräften und Mitarbeitern sorgt für mehr Entspannung auf allen Seiten.

Viele Probleme entstehen dadurch, dass Vertrauen fehlt – Vertrauen in die Mitarbeiter, Vertrauen in die Führungskraft und vor allem Vertrauen in sich selbst und in die eigenen Fähigkeiten.

Durch verschiedene Kommunikationsstrategien können Konflikte bearbeitet und beigelegt werden. Doch viele würde gar nicht erst entstehen, wenn mehr Vertrauen vorhanden wäre.

Führungskräfte können loslassen und entspannt an die für sie wirklich wichtigen Aufgaben herangehen. Mitarbeiter trauen sich mehr zu, treffen Entscheidungen und entlasten die Führungskraft somit von den Alltagsaufgaben. So kann sich jeder um genau die Dinge kümmern, die für seinen Aufgabenbereich und das Unternehmen wichtig sind.

Kontaktieren Sie Daniela Landgraf noch heute für Ihr individuelles Angebot. Freie Seminarplätze finden Sie unter *danielalandgraf.com*.

Die Seminare „6 TRICKS gegen die Tics" und „6 TRICKS für mehr Umsatz und Vertriebserfolg"

Warum verzweifeln die einen – und die anderen sagen „Jetzt erst recht!"? Verwandle Deine Defizite in Motivation, nicht in Ausreden!

Erleben Sie Daniela Landgraf mit den *6 TRICKS gegen die Tics* live – erfahren Sie die ermutigenden Antworten, lassen Sie sich von ihrem Charme und ihren Tics auf ein fröhliches und positives „Trotzdem!" einstimmen.

Da Daniela Landgraf auch auf mehr als 25 Jahre Vertriebserfahrung in der Finanzdienstleistungsbranche zurückblicken kann, gibt es bei ihr neben den *6 TRICKS gegen die Tics* auch speziell die *6 TRICKS für mehr Umsatz und Vertriebserfolg*.

Möchten Sie Ihre (Vertriebs-)Mannschaft zu Höchstleistungen bringen? Dann ist Daniela Landgraf genau die richtige Rednerin für Ihre Veranstaltung! Sie zeigt auf, wie Zweifel, Ängste, Defizite etc. in Erfolgsfaktoren gewandelt und die eigene Handbremse gelöst und das Gehirn zum hubraumstarken Motor aufgerüstet werden können!

Kontaktieren Sie Daniela Landgraf noch heute für Ihr individuelles Angebot. Freie Seminarplätze finden Sie unter *danielalandgraf.com*.

Prozess-Coaching

Der Aufbau eines gesunden Selbstwertgefühls ist Prozessarbeit. Leider gibt es keinen Schalter, mit dem wir von heute auf morgen ein gesundes Selbstwertgefühl von innen heraus anschalten können.

Daniela Landgraf bietet Ihnen drei verschiedene Pakete für ein Prozess-Coaching an:

1. Prozess-Coaching in einer Gruppe von mehreren Personen. Die Teilnehmer erhalten wöchentliche Aufgaben, Impulse und Anregungen über eine Threema-Gruppe. Akute Fragen können in einer geschlossenen geheimen Facebook-Gruppe gestellt werden. In dieser Gruppe findet auch ein Austausch der Teilnehmer untereinander statt.

2. 6-Monats-Coaching: Sie werden Mitglied der Prozess-Coaching-Gruppe. Zusätzlich gibt es 2-mal monatlich ein Online-Seminar, in dem Sie live Fragen stellen können.

3. 6-Monats-Intensiv-Coaching: zusätzlich zu dem unter 2. beschriebenen Paket 2-mal monatlich eine halbe Stunde Einzelcoaching per Video (Zoom oder andere Portale) oder persönlich im Büro von Daniela Landgraf.

Gerne sendet Ihnen Daniela Landgraf die aktuellen Konditionen zu. Schicken Sie einfach eine Mail an *dl@danielalandgraf.com*.